Igor Sabino encara uma tarefa espinhosa: demonstrar o potencial para o antissemitismo da tradição hermenêutica evangélica. Iniciando pela Patrística, passando por Lutero e a tradição protestante, investigando os estereótipos conspiracionistas modernos e chegando até as teologias contemporâneas, Igor demonstra como a "judeofobia" continua em alta em nosso meio. Como ele mesmo afirma, este não é um livro que gostaríamos que fosse escrito, mas, infelizmente, sua leitura é muito necessária.

ANDRÉ DANIEL REINKE
Designer, historiador, doutor em teologia e professor de história do cristianismo no Seminário Servo de Cristo

Conheço o Igor e seu trabalho há anos. Neste livro indispensável, ele revisita — com sensibilidade e profundidade bíblica — o impacto histórico do antijudaísmo, inclusive o cristão, mostrando como a fé em Cristo pode ser um poderoso instrumento de amor, reconciliação e justiça em tempos de desafios tão urgentes.

RODRIGO BIBO
Produtor e diretor do Bibotalk e autor
de *O Deus que destrói sonhos*

Ao longo da história, muitos cristãos justificaram seu ódio contra os judeus com o famoso texto da "maldição do sangue" (Mt 27.24-25). Ao deturpar essa passagem, fingiram que suas más ações seriam apenas o cumprimento da vontade divina, como se fossem instrumentos da justiça de Deus. De outro lado, muitos fizeram como Pilatos, "lavaram as mãos" e se declararam inocentes diante do mal empreendido contra os judeus; escolheram se calar. Nesta obra, Igor Sabino nos lembra do nosso dever, como cristãos, de combatermos e denunciarmos o mal, especialmente quando esse mal não é cometido contra nós. Por meio de uma excelente análise o autor mostra como esse tema envolve não apenas a história e a política, mas também as mídias sociais e, inclusive, a teologia.

WILLIBALDO RUPPENTHAL NETO
Doutor em história (UFPR), professor na FABAPAR e
pastor na Igreja Batista em Lindóia (Curitiba)

No deserto, depois de jejuar muitos dias, Jesus foi desafiado pelo diabo. Satanás citou as Escrituras como argumento para tentar a Cristo. Essa antiga estratégia do mal, infelizmente, cresceu dentro do cristianismo. Com uma interpretação distorcida de alguns trechos bíblicos e de eventos históricos, cristãos foram enganados, aceitaram e difundiram ideias antissemitas através dos séculos — um equívoco que cooperou inclusive com o trágico capítulo do Holocausto. Quem não conhece os erros da história tende a repeti-los. Em um momento tão apropriado, Igor Sabino expõe as antigas raízes do antissemitismo que se ergue novamente em nossos dias. A leitura vai oferecer a você uma perspectiva histórica e bíblica necessária para elucidar fatos e apontar um caminho para a verdade.

HELENA TANNURE
Palestrante e idealizadora dos ministérios Escola Fémininas
e Confraria de Mulheres

Com exame das Escrituras e escrutínio histórico, Igor Sabino ilumina nossa compreensão acerca de temas como antissemitismo, fanatismo religioso, cordialidade, convivência e — principalmente — amor ao próximo.

DAVI LAGO
Capelão da Primeira Igreja Batista de São Paulo e professor da
Faculdade Teológica Batista de São Paulo

Jesus, um judeu
*O absurdo do preconceito cristão
contra o povo do Messias*

IGOR SABINO

Copyright © 2025 por Igor Sabino

Os textos bíblicos foram extraídos da *Nova Versão Transformadora* (NVT), da Tyndale House Foundation.

Todos os direitos reservados e protegidos pela Lei 9.610, de 19/02/1998.

É expressamente proibida a reprodução total ou parcial deste livro, por quaisquer meios (eletrônicos, mecânicos, fotográficos, gravação e outros), sem prévia autorização, por escrito, da editora.

Edição
Guilherme H. Lorenzetti

Produção
Felipe Marques

Diagramação
Gabrielli Casseta

Capa
Jonatas Belan

CIP-Brasil. Catalogação na publicação
Sindicato Nacional dos Editores de Livros, RJ

S121j

    Sabino, Igor
      Jesus, um judeu : o absurdo do preconceito cristão contra o povo do Messias / Igor Sabino. - 1. ed. - São Paulo : Mundo Cristão, 2025.
      192 p.

    ISBN 978-65-5988-384-4

    1. Religião e sociedade. 2. Conflito Árabe-israelense. 3. Palestina - História. 4. Israel - História. 5. Antissemitismo. I. Título.

24-94328

CDD: 261.7
CDU: 26-67

Gabriela Faray Ferreira Lopes - Bibliotecária - CRB-7/6643

Publicado no Brasil com todos os direitos reservados por:

Editora Mundo Cristão
Rua Antônio Carlos Tacconi, 69
São Paulo, SP, Brasil
CEP 04810-020
Telefone: (11) 2127-4147
www.mundocristao.com.br

Categoria: Cristianismo e sociedade
1ª edição: janeiro de 2025

À minha avó Nadir, que, infelizmente, não será capaz de ler o que escrevi. O Alzheimer tirou-lhe muitas coisas, mas Deus permitiu que, durante toda minha infância, as boas memórias de Jerusalém fossem preservadas na mente e no coração dela, e isso me marcou para sempre. Um dia, na nova Jerusalém, cantaremos juntos "Avenu shalom alechem", assim como ela me ensinou.

Houve um cristão alemão que escondeu judeus durante o Holocausto. Perguntaram-lhe por que ele havia feito isso, a resposta dele foi simples: "Pelo menos eu sei que, quando morrer e comparecer perante Deus, ele não vai me perguntar o que perguntou a Caim: 'Onde você estava quando o sangue do seu irmão clamava da terra?'". O mundo precisa começar a pensar em quais desculpas dará a Deus naquele dia.

RACHEL GOLDBERG-POLIN, cujo filho,
Hersh, foi sequestrado e morto pelo Hamas

Por causa de Sião,
    não permanecerei quieto.
Por causa de Jerusalém,
    não ficarei calado,
até sua justiça brilhar como o amanhecer
    e sua salvação resplandecer como uma tocha acesa.

ISAÍAS 62.1

Sumário

Prefácio   11

Introdução   17

Somos responsáveis

1. O verdadeiro Israel ou deicidas?   45

    O antissemitismo e o surgimento do cristianismo

2. De Lutero a Hitler   71

    O papel do antissemitismo cristão no Holocausto

3. Os fariseus e a sinagoga de Satanás   107

    A persistência dos estereótipos antissemitas cristãos

4. O Jesus palestino   135

    O cristianismo e o conflito israelo-palestino

Conclusão   169

    Uma proposta hermenêutica

Agradecimentos   179

Sobre o autor   185

Prefácio

Certa vez, um jovem me cumprimentou com um simpático sorriso e me pediu para escrever algo sobre seu livro. Inicialmente, pensei em me evadir do convite, pois não sabia nada a respeito dele. Esse jovem era o Igor, e ele me entregou um pacote de folhas — era seu livro, o mesmo livro que você agora tem em mãos; uma obra da qual tive o privilégio de ser uma das primeiras leitoras.

Ao começar a leitura, pude conhecer um pouco mais sobre sua vida e suas pesquisas, e perceber como ele foi impactado pela descoberta de que certas interpretações de livros considerados sagrados podem motivar ações nefandas. Descobri então que ele me entregou um inestimável tesouro escrito por um homem de fé, impactado pelas Escrituras e capaz de analisá-las de maneira crítica e livre de preconceitos. Igor estudou o antissemitismo através dos séculos e nos dias atuais, e eu vivi esse antissemitismo desde que nasci. Assim, fiquei feliz de ter sido escolhida para prefaciar este importante livro.

Aliás, permita-me me apresentar. Meu nome é Ariella Pardo Segre e sou uma sobrevivente do Holocausto. Nasci em Trieste, Itália, em 9 *di luglio* XVII E.F. Assim consta na minha certidão de nascimento; isto é, em 1940, ano XVII da era fascista. Eu nasci na Itália, falava italiano e, obviamente, pensava ser italiana, mas, como criança, não sabia que, no tempo do fascismo, os judeus de Trieste e de toda Itália não eram italianos, eram só judeus. "Pardo" é o sobrenome do meu pai, vem de El Pardo, um bairro de Madri onde ainda hoje há um palácio usado como residência de verão da família real espanhola. Os Pardo vieram de lá no tempo da Inquisição; só sei que eram nobres. Depois da Segunda Guerra Mundial, quando já estávamos de volta à Itália, dois elegantes senhores tocaram a campainha do nosso apartamento; eram os representantes do *Ufficio Araldico*, um órgão estatal que regulamentava a lista de todos os nobres. Para continuar nessa lista e assim seguir utilizando "o título de nobreza", era necessário pagar um imposto ao governo. Meu pai recebeu os senhores gentilmente, mas se recusou a pagar o imposto dizendo que não pretendia usar o título; lembro até hoje de suas palavras: "Senhores, acabamos de sobreviver ao nazismo, se vier o comunismo nos matarão por sermos, além de judeus, nobres". Mesmo assim, o tal símbolo de nobreza está gravado até hoje no túmulo dos meus avós, no cemitério judaico de Trieste.

O sobrenome "Segre" vem do meu marido e também tem origem na Espanha. Segre é um rio cuja nascente está localizada nos montes Pireneus, uma cordilheira que serve de fronteira natural entre França e Espanha. Nos tempos da Inquisição, a cidade de Lérida, no nordeste da Espanha, sediava uma festa macabra: preparava-se uma grande fogueira, na qual pessoas vestindo uma túnica branca com uma cruz no peito eram queimadas vivas perante um público extasiado que se divertia assistindo às execuções. Todos os que eram consumidos pelas chamas tinham algo em comum: eram judeus. Certa vez, alguns judeus, prontos para serem queimados, resolveram estragar a festa e se jogaram no rio Segre, sendo assim "salvos pelo rio", daí o sobrenome de muitos judeus assim como o meu — no norte da Itália há um cemitério judaico na cidade de Saluzzo onde, em quase todos os túmulos, estão pessoas com o sobrenome Segre. Eventos como esse faziam parte da

PREFÁCIO

Inquisição espanhola, que, entre diversas atrocidades, também matava os judeus, tomava seus bens e os compartilhava entre os reis e a Santa Sé.

Desde muito cedo e, ao longo da história, o povo judeu foi acusado de ser deicida; carregamos a culpa e somos castigados pela morte de Jesus. Contudo, outros crimes também são atribuídos ao povo judeu. Na década de 1930, meu pai foi nomeado como professor em uma escola superior em Trento. Sendo ele judeu, procurou por uma sinagoga na cidade — não havia nenhuma. No entanto, algo ainda mais estranho chamou sua atenção: ele era o único judeu ali. Entre 1475 e 1965 — ou seja, por quase quinhentos anos — Trento era conhecida por uma tradição durante a Sexta-Feira Santa, dia em que os cristãos creem que Jesus foi crucificado. Nesse dia, uma procissão católica percorria as ruas de Trento em busca de judeus para serem apedrejados numa espécie de vingança pela morte de um menino cristão chamado Simonino. De acordo com os relatos da época, Simonino, então com apenas dois anos de idade, fora sequestrado e morto pelos judeus, que usaram seu sangue na preparação do *matzá*, o pão comido durante o *Pessach*. Posteriormente, o menino foi beatificado e, em sua memória, foi erigida uma linda igreja com seu nome, a qual supostamente abrigava seu corpo.

Essa história só foi esclarecida na década de 1950 pela escritora e historiadora judia Gemma Volli, cujos estudos acompanhei pessoalmente, já que ela era minha tia. Volli conseguiu a autorização do governo italiano para realizar uma pesquisa no corpo de São Simonino e concluiu que os restos mortais dentro da igreja não eram de uma criança com a idade correspondente à da história. Assim, em 1965 o culto a esse santo foi extinto pelo Papa Paulo VI e, em outubro do mesmo ano foi realizada uma cerimônia de reconciliação entre cristãos e judeus na cidade de Trento durante a qual houve até mesmo um pedido de perdão proferido pelo Papa. Essa atitude seria imitada por outros pontífices e motivou até mesmo a publicação de uma encíclica papal, a *Nostra Aetae*, que afirma: "o povo do Novo Testamento está espiritualmente ligado à descendência de Abraão".

Assim como muitos dos meus antepassados, eu também passei por tempos difíceis. Um dia, um vizinho de nosso apartamento, Alfredo Giommi, arriscou a vida para alertar meu pai que não voltasse para casa, pois um caminhão da Gestapo (a polícia secreta nazista) estava esperando para levar toda minha família assim como outros judeus para o campo de extermínio de Auschwitz. Nós nunca mais voltamos para aquela casa, a nossa casa. Nenhum dos nossos conhecidos que foi levado naquele caminhão jamais voltou.

Na nossa fuga, chegamos a nos refugiar na Suíça. Terminada a guerra fomos levados de volta para a cidade onde morávamos e descobrimos que nosso apartamento havia sido doado para algum amigo do prefeito. Mas você se lembra daquele homem que se arriscou para salvar nossas vidas? Ele nos ofereceu um quarto em seu pequeníssimo apartamento, onde morava com a esposa e com seus dois filhos. E assim a vida recomeçou, mesmo em meio a muitas privações.

Meus pais tinham guardado alguns objetos de valor em cofres alugados em um banco, mas os cofres dos judeus tinham sido todos arrombados e roubados. Em um dos cofres, meu pai tinha guardado o manuscrito de um livro que fora proibido de publicar por conta das leis fascistas, que não permitiam que os judeus escrevessem livros. Meu pai o havia colocado em um cofre esperando que, terminada a guerra,

PREFÁCIO

poderia publicá-lo, mas até suas ideias e memórias lhe foram subtraídas. Foi muito difícil, mas o tempo passou, a guerra acabou, e eu estou aqui escrevendo. Entretanto, infelizmente, estou escrevendo o prefácio de um livro que mostra que a perseguição contra os judeus, seja ela política ou religiosa, ainda segue em curso.

Eu tenho insônia e, na noite de 7 de outubro de 2023, estava ouvindo o rádio quando escutei a notícia do que tinha acontecido e ainda estava ainda acontecendo em Israel. Me senti mal, uma dor imensa na alma. Gostaria de estar lá para ajudar, mas estou com 83 anos e, como minha saúde é precária, acabaria sendo um fardo, não um auxílio. Pensei no passado, mas também pensei com esperança sobre o futuro. Até quando Deus me permitir viver, sentarei à mesa com minha família no dia da lua cheia do mês de Nisã para celebrar o *Seder*, o jantar tradicional do *Pessach*. Durante o jantar, cantarei a música *Vehi Sheamda*, comerei pão sem fermento, deixarei um lugar vazio para o profeta Eliahu e terminarei dizendo: *Leshana Habá Birushalaim!* ("no ano vindouro, em Jerusalém!").

Agradeço ao Igor pela oportunidade de prefaciar esta obra; por meio da sua leitura pude fortalecer meus pensamentos. E também aproveito para registrar um agradecimento póstumo a Gemma Volli, pesquisadora, historiadora judia e irmã da minha mãe, que sempre me permitiu participar de suas pesquisas. A ela e a todos que vieram antes de mim dedico as palavras da *Vehi Sheamda:*

Esta é a promessa que sustentou nossos pais,
é esta a promessa que nos sustenta.
Pois não é só um inimigo que se levantou contra nós para nos destruir,

mas em todas a gerações, eles se levantam para nos destruir,
e o Santo, bendito seja Ele, nos resgata das mãos deles.
Pois não é só um inimigo que se levantou contra nós para nos destruir,
mas em todas as gerações, eles se levantam para nos destruir,
e o Santo, bendito seja Ele, nos resgata das mãos deles.

ARIELLA PARDO SEGRE
Professora aposentada e sobrevivente do Holocausto

Introdução

Somos responsáveis

Todo o povo gritou em resposta:
"Que nós e nossos descendentes sejamos
responsabilizados pela morte dele!".

MATEUS 27.25

Este é um livro que eu não gostaria de ter escrito. Sim, desejaria viver em um mundo no qual esta obra não fosse necessária. No entanto, para minha triste surpresa, à medida que eu o escrevia, ele se tornava mais relevante e tenho a impressão de que ainda precisarei voltar a este tema no futuro. Isso porque iniciei a pesquisa para este livro em outubro de 2022 e tinha a intenção de publicá-lo já no segundo semestre do ano seguinte. Porém, em 7 de outubro de 2023, tudo mudou.

Ainda lembro da sensação de horror e desespero que senti ao acordar na manhã daquele sábado. Na noite anterior, eu havia ido dormir tarde e percebi que meu celular passou a noite inteira vibrando, mas só verifiquei as notificações por volta das 5 horas da manhã, quando acordei para ir ao banheiro expelir um cálculo renal. Apesar do extremo desconforto causado por mais uma crise — passei por algumas nos últimos anos —, só pensei mesmo que fosse desmaiar depois de ler as mensagens de desespero de meus amigos israelenses. Israel estava sob ataque, o maior de sua história desde o Holocausto, durante a Segunda Guerra Mundial.

Naquele dia de outubro, terroristas do Hamas — grupo que controla a Faixa de Gaza desde 2007[1] — invadiram o sul de Israel e assassinaram brutalmente cerca de 1.200 pessoas e fizeram outras 240 reféns.[2] Mesmo à distância, vivenciei tudo aquilo em tempo real por meio de vídeos divulgados pelos próprios terroristas com os registros de suas atrocidades. Ainda sinto vontade de chorar ao lembrar da imagem de Yaffa Adar, uma senhora de 85 anos, sobrevivente do Holocausto, sendo levada à força para a Faixa de Gaza, onde foi mantida em cativeiro por quase cinquenta dias. Mas houve casos ainda mais brutais. Shani Louk, uma jovem israelense-alemã, foi assassinada enquanto estava em uma festa. Em seguida, seu corpo violado e com os membros fraturados foi jogado na traseira de um veículo e levado para a Faixa de Gaza enquanto homens comemoravam e cuspiam nela. A família de Shani só recuperou seus restos mortais sete meses depois, quando as Forças de Defesa de Israel (IDF, na sigla em inglês) identificaram e resgataram seu corpo de uma vala comum em Rafah, no sul de Gaza.

Eu poderia escrever muitos outros relatos semelhantes. Histórias com as quais me identifico e que envolvem personagens israelenses e palestinos. Como Khalil Sayegh, um cristão

---

[1] Em 2005, em uma decisão unilateral, Israel retirou tropas militares e colonos daquela região.

[2] Algumas das vítimas, inclusive quatro brasileiros assassinados, eram jovens que estavam no Festival Nova, uma festa a poucos metros da Faixa de Gaza. Um dos sobreviventes, meu amigo Rafael Zimerman, estava no local e conseguiu escapar apenas porque passou cinco horas escondido em meio aos cadáveres de outros jovens.

INTRODUÇÃO

que nasceu na Faixa de Gaza e que tive o privilégio de encontrar algumas vezes, primeiro em sua casa na Cisjordânia, em 2017, e depois em outras ocasiões nos EUA, onde ele reside atualmente. Costumávamos conversar com frequência sobre os desafios do conflito israelo-palestino a partir de uma perspectiva cristã. Porém, desde aquele 7 de outubro, nunca mais falei com ele. Khalil perdeu seu pai e a irmã de dezoito anos enquanto tentava tirá-los da Palestina — mortes que, sem dúvida alguma, poderiam ter sido evitadas. Por isso, Khalil, até então um ativista pela paz e alguém envolvido em várias iniciativas de reconciliação entre palestinos e israelenses, passou a adotar um tom muito mais crítico a Israel, com posicionamentos políticos dos quais discordo. Ainda assim, busco não ignorar ou esquecer sua dor. Não consigo imaginar como ele é capaz de suportar tudo isso, como a impotência de ver entes queridos morrerem e a incerteza a respeito do futuro de sua família.

O fato é que há cada vez mais motivos para os cristãos se importarem com o problema do antissemitismo. Afinal, o próprio Jesus foi um judeu, e grande parte da nossa fé tem suas raízes em conceitos judaicos: desde os livros que consideramos sagrados até convicções teológicas que servem de alicerce para nossas crenças centrais. Além disso, a oposição a qualquer tipo de discurso de ódio contra judeus também diz respeito aos direitos humanos, à liberdade religiosa e à luta contra o racismo, temas que deveriam mobilizar todos nós que cremos que os seres humanos foram criados à imagem e semelhança de Deus.

Nesse sentido, nossos desafios vão muito além das tragédias que ocorrem no Oriente Médio. De acordo com um relatório anual da Liga Antidifamação (ADL, na sigla em inglês) e da Universidade de Tel Aviv publicado em maio de 2024, no Yom HaShoah (o dia em memória do Holocausto em Israel), em 2023 houve um aumento significativo dos casos de antissemitismo ao redor do mundo. Isso se deu principalmente após o massacre perpetrado pelo Hamas. Segundo o levantamento, nos meses seguintes àquele dia fatídico, os incidentes de ódio aos judeus cresceram em praticamente todos os países onde há uma comunidade judaica significativa, inclusive no Brasil.[3]

De acordo com o relatório, os casos de antissemitismo no Brasil subiram de 432 para 1.774 entre 2022 e 2023. Apenas no mês de outubro, segundo a Confederação Israelita do Brasil (Conib), as denúncias aumentaram quase 1000%, de 42 em outubro de 2022 para 467 no mesmo mês em 2023.[4] Nesse sentido, um dos exemplos mais emblemáticos de racismo antijudaico aconteceu em fevereiro de 2024, quando uma comerciante judia de Arraial d'Ajuda, na Bahia, foi atacada e agredida em seu próprio comércio por uma mulher que a acusava de ser uma "judia assassina".[5] Antes disso, em janeiro, uma sinagoga em Santos, em São Paulo, foi vandalizada com

[3] Anti-Defamation League e Tel Aviv University, "Antisemitism Worldwide 2023", maio de 2024, <https://cst.tau.ac.il/wp-content/uploads/2024/05/AntisemitismWorldwide_2023_Final.pdf.>.

[4] "Antissemitismo cresce quase 1.000% no Brasil desde o início da guerra entre Israel e Hamas, diz levantamento", *Jornal Hoje*, 9 de novembro de 2023, <https://g1.globo.com/jornal-hoje/noticia/2023/11/09/antissemitismo-cresce-quase-1000percent-no-brasil-desde-o-inicio-da-guerra-entre-israel-e-hamas-diz-levantamento.ghtml#>.

[5] Manoela Smith, "Comerciante é chamada de 'judia assassina' e tem loja depredada em Arraial d'Ajuda", *Folha de S. Paulo*, 9 de fevereiro de 2024, <https://www.folha.uol.com.br/cotidiano/2024/02/comerciante-e-chamada-de-judia-assassina-e-tem-loja-depredada-em-arraial-dajuda.shtml>.

INTRODUÇÃO

pichações relacionadas à guerra entre Israel e o Hamas.[6] Em março, outra sinagoga na mesma cidade também se tornou alvo de ataques antissemitas.[7]

Casos semelhantes — e até piores — aconteceram em vários outros países. Nova York, cidade com a maior população judaica do mundo, registrou 325 crimes de ódio contra os judeus em 2023,[8] segundo o departamento de polícia da cidade. Ainda de acordo com a Liga Antidifamação, em 2023, os Estados Unidos registraram o maior número de casos de antissemitismo desde que a organização começou a monitorá-los em 1979: foram 7.523 casos ante os 3.697 do ano anterior.[9]

Tudo isso me fez perceber a necessidade de seguir pesquisando e escrevendo sobre o antissemitismo. Eu havia pensado que meu último livro sobre o tema seria *Por amor aos patriarcas*, lançado em 2020.[10] Nele, tentei articular, de modo

---

[6] "Sinagoga é pichada com suásticas e estrelas de Davi invertidas em Santos", *UOL Notícias*, 4 de janeiro de 2024, <https://noticias.uol.com.br/cotidiano/ultimas-noticias/2024/01/04/sinagoga-pichacao-santos.htm>.

[7] "Homem é filmado vandalizando sinagoga israelita; 'ato de terrorismo', diz líder do templo", *G1 Santos e Região*, 5 de março de 2024, <https://g1.globo.com/sp/santos-regiao/noticia/2024/03/05/homem-e-filmado-vandalizando-sinagoga-israelita-ato-de-terrorismo-diz-lider-do-templo-video.ghtml>.

[8] Um aumento significativo, já que em 2022 houve o registro de 261 denúncias.

[9] No mesmo período, isto é, entre os anos de 2022 e 2023, a França registrou um aumento de 436 para 1.676 casos; no Reino Unido, as denúncias foram de 1.662 para 4.103; na Alemanha, esses registros subiram de 2.639 para 3.614. Ver "Antisemitism Worldwide 2023".

[10] Igor Sabino, *Por amor aos patriarcas: Reflexões brasileiras sobre antissemitismo e sionismo cristãos* (Brasília: Editora 371, 2020).

sucinto, uma resposta bíblica para alguns questionamentos que me perseguem durante anos, acerca de como os cristãos, sobretudo os brasileiros, deveriam se portar em relação ao conflito entre palestinos e israelenses — um desafio que se tornou ainda mais relevante para mim.

Meses após o lançamento de *Por amor aos patriarcas*, já tive a sensação de que ele estava, de certo modo, incompleto, e que, se fosse publicá-lo novamente, teria muito mais casos para ilustrar meus argumentos, como a breve guerra travada pelo Hamas e por Israel em abril de 2021, que também resultou em cenas trágicas de violência contra judeus em várias cidades ocidentais, principalmente nos Estados Unidos e na Europa. Além disso, havia ainda o problema das muitas teorias da conspiração antissemitas que proliferavam nas redes sociais desde a pandemia de covid-19 e que encontraram solo bastante fértil no Brasil — um solo adubado pela forte polarização que marcou as eleições nacionais de 2022.

Naquele momento, comecei a perceber que, mais do que refletir sobre temas relacionados ao que a Bíblia diz sobre a terra de Israel e os direitos dos palestinos, como cristão eu precisava ir além e lidar com algumas passagens do Novo Testamento que até então eu parecia desconhecer. Isso ficou ainda mais claro para mim depois dos eventos de Sete de Outubro e suas consequências. No meu primeiro livro, defendi basicamente que um dos principais motivos pelos quais os cristãos deveriam expressar um apoio (ainda que crítico) ao atual Estado de Israel é o fato de ele hoje ser a maior barreira física dos judeus contra o antissemitismo — mesmo que seja uma barreira porosa, já que não foi capaz

INTRODUÇÃO

de impedir o maior *pogrom*[11] antissemita desde o Holocausto. Teologicamente, minha defesa a essa forma de sionismo cristão se baseou em Romanos 11.28-29. Nessa passagem, Paulo afirma que os judeus que não reconheceram Jesus como o Messias ainda são amados por Deus em razão da aliança firmada com Abraão. Nas palavras do apóstolo: "porque ele escolheu seus patriarcas, eles ainda são o povo que Deus ama" (Rm 11.28).

Em *Por amor aos patriarcas*, até mesmo mencionei o triste histórico de antissemitismo cristão e citei brevemente como grandes teólogos, como o notável reformador Martinho Lutero, contribuíram (ainda que de modo indireto) para o surgimento e a propagação do ódio contra os judeus na Europa. Contudo, não refleti o suficiente a respeito de como vários textos bíblicos, principalmente do Novo Testamento, podem ser manipulados e instrumentalizados contra o povo judeu: são falácias interpretativas que também têm o potencial de causar grandes desastres.

Em 27 de outubro de 2018, Robert Bowers, um supremacista branco, invadiu a sinagoga Tree of Life, em Pittsburgh, nos Estados Unidos, durante uma cerimônia religiosa e matou onze judeus, deixando outros seis feridos. Ele costumava compartilhar conteúdo antissemita nas redes sociais e publicava com frequência em seu perfil o texto de João 8.44, segundo o qual Jesus teria supostamente afirmado que todos os judeus são filhos do diabo.[12] Em minha ignorância, achava que esse era apenas um

---

[11] Ataques violentos dirigidos a uma minoria étnica ou religiosa, especialmente contra os judeus.

[12] Ao responder a alguns judeus que se orgulhavam de serem descendentes de Abraão, Jesus disse: "Por que vocês não entendem o que eu digo? É

caso isolado no qual a Bíblia havia sido usada como justificativa para promover o ódio e a violência contra os judeus. Aos poucos, porém, me dei conta do longo histórico de instrumentalização de outros versículos para o mesmo propósito:

> Pilatos viu que de nada adiantava insistir e que um tumulto se iniciava. Assim, mandou buscar uma bacia com água, lavou as mãos diante da multidão e disse: "Estou inocente do sangue deste homem. A responsabilidade é de vocês". Todo o povo gritou em resposta: "Que nós e nossos descendentes sejamos responsabilizados pela morte dele!".
>
> Mateus 27.24-25

> "Conheço suas aflições e sua pobreza, mas você é rico. Sei da blasfêmia dos que se opõem a você. Eles se dizem judeus, mas não são, pois a sinagoga deles pertence a Satanás."
>
> Apocalipse 2.9

Essa foi uma estratégia usada pelos nazistas para assegurar o apoio cristão em sua sanha contra os judeus, ou seja, retratar Jesus e Martinho Lutero como os maiores antissemitas da história e, consequentemente, como exemplos a serem seguidos. Porém, para minha triste surpresa, os seguidores de Hitler não foram originais nesse sentido, pois essa exegese enviesada começou com os próprios cristãos ainda nos primeiros séculos. João Crisóstomo (347–407 d.C.), um dos Pais da Igreja,[13]

---

porque nem sequer conseguem me ouvir! Pois são filhos de seu pai, o diabo, e gostam de fazer as coisas perversas que ele deseja" (Jo 8.43-44).

[13] Por Pais da Igreja, compreende-se aqui os teólogos que produziram obras e ensinaram durante os anos iniciais do cristianismo, desde o fim do século primeiro até o início da Idade Média. Para este livro, considera-se principalmente os de fala latina e grega.

INTRODUÇÃO

foi um dos responsáveis por fomentar uma posição hostil dos cristãos em relação aos judeus com sua série de sermões de cunho antissemita *Adversus Judaeos*, que posteriormente foi compilada e publicada, influenciando diretamente Lutero. Infelizmente, ainda hoje, muitos cristãos aderem a leituras como essas e as consequências têm sido desastrosas.

Nos Estados Unidos, tem sido cada vez mais comum o uso do Novo Testamento para a promoção do antissemitismo. Isso é algo característico não apenas dos movimentos supremacistas brancos, mas até mesmo de seitas cristãs voltadas para negros, como o movimento Black Hebrew Israelites. O mesmo tem acontecido em manifestações contrárias à existência do atual Estado de Israel, sobretudo após o Sete de Outubro e a retaliação de Israel contra o Hamas na Faixa de Gaza. No Brasil, pelo menos nas redes sociais, também não tem sido muito diferente.

Apesar de pesquisar e escrever sobre o antissemitismo cristão há anos, apenas recentemente comecei a refletir com mais profundidade sobre o uso da Bíblia pelos antissemitas. Afinal, eu pensava: "Historicamente, a Bíblia sempre foi usada tanto para justificar atrocidades como para combatê-las". A escravidão é um exemplo claro disso, já que existe um amplo histórico tanto de cristãos escravagistas quanto de abolicionistas. Desse modo, não chega a surpreender que o mesmo ocorra também em relação aos judeus, uma vez que abundam os relatos de cristãos que, a partir da leitura da Bíblia, também expressam grande amor por Israel e até arriscaram suas vidas para salvar judeus durante o Holocausto. Algumas experiências, contudo, mudaram por completo minha percepção sobre a questão e me levaram a escrever esta obra, a qual, infelizmente, já não tenho mais expectativas de que seja minha última sobre o tema, embora tenha buscado escrevê-la do modo mais atemporal possível.

A primeira dessas experiências foi bastante inusitada. Gosto muito de um autor norte-americano de ficção chamado Daniel Silva. Ele é um ex-correspondente internacional que se consagrou escrevendo romances de espionagem narrando as aventuras de Gabriel Allon, um espião do Mossad, o serviço de inteligência de Israel. Nesses livros, Allon vive as mais diversas aventuras sempre relacionadas a acontecimentos reais da política mundial, como a ascensão do Estado Islâmico e a Guerra da Ucrânia. O fato de o autor ter fôlego suficiente para publicar um livro por ano torna suas obras sempre atuais para aqueles que desejam aprender mais sobre relações internacionais.

Entretanto, algo que sempre me chamou atenção é o fato de Daniel Silva, antes católico, ter se convertido ao judaísmo após um tempo morando em Israel. Sempre tive curiosidade para saber o que havia motivado essa conversão, mas não estava preparado para a pequena crise de fé que eu mesmo enfrentaria ao ter um vislumbre do que o motivou a tomar essa decisão. No romance *A ordem*, Gabriel Allon precisa investigar o assassinato de um papa e, no meio do processo, acaba descobrindo um evangelho apócrifo que, se fosse revelado, seria capaz de acabar de vez com todas as possibilidades da instrumentalização do Novo Testamento para justificar a perseguição aos judeus. Em alguns aspectos, o livro se parece com *O Código da Vinci* e gerou crítica de muitos cristãos que acharam desrespeitoso o autor questionar a confiabilidade histórica da Bíblia, sobretudo em seu relato sobre a crucificação de Jesus. Eu mesmo senti esse incômodo enquanto o lia, mas há um diálogo específico no livro que me despertou

INTRODUÇÃO

para questões para as quais eu nunca havia dedicado muita reflexão. Acho importante reproduzir esse diálogo na íntegra; nele, o espião israelense conversa com um padre acerca do texto bíblico de Mateus 27.24-25:

— Pilatos, o implacável prefeito romano, lava as mãos em frente à multidão de judeus reunida no Grande Pavimento e se declara inocente do sangue de Cristo. Ao que a multidão responde: "Que o sangue dele caia sobre nós e nossos filhos". É a frase mais importante já escrita num diálogo. Dois mil anos de perseguição e massacre de judeus pelas mãos dos cristãos podem ser creditadas a essas dez terríveis palavras.

— Por que elas foram escritas? — perguntou Gabriel.

— Como prelado católico apostólico romano e homem de grande fé pessoal, acredito que os Evangelhos tiveram inspiração divina. Isso dito, foram compostos por seres humanos bem depois dos acontecimentos e eram baseados em histórias da vida e do ministério de Jesus contadas por seus primeiros seguidores. Se houve, de fato, um tribunal de algum tipo, Pilatos sem dúvida falou poucas ou nenhuma das palavras que os escritores do Evangelho colocam na boca dele. O mesmo seria verdade, claro, sobre a multidão romana, se é que havia uma. *Que o sangue dele caia sobre nós e nossos filhos?* Eles realmente gritaram uma coisa tão esquisita e grotesca? E em uníssono? Onde estavam os seguidores de Jesus que foram com ele a Jerusalém desde a Galileia? Não havia dissidentes? — Donati fez que não.

— Essa passagem foi um erro. Um erro sagrado, mas mesmo assim um erro.[14]

Diferentemente do padre Donati, sou um evangélico que acredita que a Bíblia é a Palavra infalível de Deus. Creio que

[14] Daniel Silva, *A ordem* (Rio de Janeiro: HarperCollins, 2021), p. 171-2.

os Evangelhos narram fatos verídicos, e que Deus não comete erros. Assim, após ler esse trecho, minha primeira reação foi querer entender melhor o contexto de Mateus 27 e buscar outras interpretações. Porém, logo percebi que, independentemente da existência de outras possibilidades de leitura, isso não muda o fato de que esse texto, assim como João 8.44 e Apocalipse 2.9, foi e continua a ser usado para suscitar o ódio contra os judeus.

Esse mesmo incômodo ressurgiu enquanto lia outro romance: *Judas*, do consagrado autor israelense Amós Oz. Ele viveu entre 1939 e 2018 e testemunhou de perto momentos cruciais da história judaica contemporânea e de todo o processo de formação do Estado de Israel, inclusive suas principais guerras. Muitas dessas experiências servem de pano de fundo para as obras de Oz e, só por essa razão, já tornam seus romances praticamente obrigatórios para aqueles que desejam entender melhor as complexidades do Oriente Médio. Em *Judas* — um de seus últimos e mais aclamados livros —, o autor israelense foca os aspectos religiosos do judaísmo e sua relação com o cristianismo ao longo da história. A obra narra os dilemas de um jovem que, após uma desilusão amorosa, abandona a escrita de uma tese polêmica sobre Judas e seu relacionamento com Jesus. Ao longo da prosa, Oz apresenta uma série de reflexões baseadas em pesquisas históricas recentes que buscam situar Jesus em seu contexto judaico do primeiro século. Ele dá a entender que a interpretação errada que muitos cristãos fizeram ao longo dos séculos sobre o povo judeu, representado na figura de Judas, é uma das principais questões que contribuíram para o atual conflito israelo-palestino.

Em um diálogo entre os dois personagens principais do romance, Gerson Wald e Shmuel, o texto de Mateus 27.25

INTRODUÇÃO

também é mencionado como a causa do surgimento do antissemitismo que resultou em uma série de tragédias para o povo judeu — da Inquisição ao Holocausto. Dessa forma, pelo fato de uma visão negativa contra os judeus estar aparentemente registrada no texto canônico do cristianismo, a maior religião do mundo, o autor parece sugerir por meio dos personagens que seria mais fácil resolver as disputas entre palestinos e israelenses do que erradicar de uma vez por todas o antissemitismo:

> Com ou sem Judas, o judeu continuaria a representar para os crentes o papel do traidor. Gerações e gerações de cristãos nos lembrariam sempre como a turba que gritava no momento da crucificação: "Matem-no, matem-no, que seu sangue esteja sobre nós e nossos filhos". E eu lhe digo, Shmuel, que o conflito entre nós e os árabes muçulmanos é apenas um pequeno episódio na história, um episódio curto e passageiro. Dentro de cinquenta, ou cem, ou duzentos anos não restará dele lembrança, enquanto o que existe entre nós e os cristãos é um caso profundo e tenebroso e ainda pode durar cem gerações. Enquanto ensinarem a cada criança, junto com o leite materno, que ainda perambulam pelo mundo criaturas assassinas de Deus, ou os descendentes dos assassinos de Deus, não teremos descanso.[15]

Esse trecho me fez refletir bastante. Discordo que o conflito israelo-palestino seja passageiro se comparado à força do antissemitismo. Isso porque um dos motivos pelos quais acredito que seja tão difícil solucionar a questão palestina é o papel que pressupostos religiosos islâmicos desempenham na disputa territorial. Grupos terroristas como o Hamas, por

---

[15] Amós Oz, *Judas* (São Paulo: Companhia das Letras, 2014), p. 289.

exemplo, utilizam textos e argumentos teológicos do islã para se opor completamente à existência de Israel. Logo, enquanto não houver uma mudança na maneira como muitos muçulmanos, principalmente palestinos, interpretam princípios de sua religião, não haverá paz no Oriente Médio. Isso ficou bastante claro com o Sete de Outubro.

Até mesmo países de maioria muçulmana, como os Emirados Árabes Unidos, compreendem isso e têm buscado promover uma versão diferente do islã — e o mesmo pode ser dito acerca do cristianismo. Desde o Holocausto, como veremos mais à frente, há uma série de desenvolvimentos teológicos que buscam combater leituras antissemitas do Novo Testamento. Ainda assim, a possibilidade de que os textos bíblicos sejam mal compreendidos e utilizados para propagar e justificar o ódio contra os judeus infelizmente permanece em razão de como foram lidos e interpretados ao longo da história. A distância linguística, temporal e cultural dificultam ainda mais uma interpretação fidedigna do texto bíblico e devem motivar aqueles que se debruçam sobre as Escrituras a buscar compreender o texto à luz de seu contexto original.

Sou lembrado disso praticamente todas as vezes que entro nas redes sociais, um dos principais meios contemporâneos de propagação de teorias da conspiração antissemitas. Isso ficou ainda pior depois do massacre de Sete de Outubro, mas já era algo observável bem antes. Na véspera do Natal de 2022, fiz uma série de postagens no Twitter (rede social que agora atende pelo nome de X), como geralmente faço todos os anos, afirmando que Jesus foi um homem judeu — aliás, essa é base da minha argumentação ao longo deste livro, a começar pelo seu título. Bastou que um perfil de extrema direita, com

INTRODUÇÃO

cerca de 30 mil seguidores, compartilhasse minha postagem citando o texto de Mateus 27.25 para que eu não tivesse paz nos dias seguintes. Recebi todo tipo de insulto de gente que afirmava ser cristã e usava a Bíblia para me atacar, pensando que eu fosse judeu. Fui chamado de "deicida", "filho do diabo" e até de "assecla da sinagoga de Satanás". No Natal de 2023, tive uma experiência semelhante, mas dessa vez os ataques vieram principalmente de radicais de esquerda e de pessoas que diziam se importar com a causa palestina. São exemplos que ilustram uma triste realidade: desde o início da guerra na Faixa de Gaza, junto com o aumento das hostilidades contra os judeus, houve também um crescimento do antissemitismo entre os cristãos.

Na semana seguinte ao ataque terrorista do Hamas no sul de Israel, observou-se no X um aumento de 1.000% de posts acusando os judeus de terem matado Jesus, e essas publicações de teor antissemita foram visualizadas mais de 4.2 milhões de vezes.[16] Vale ressaltar que essa pesquisa considerou apenas os tuítes em inglês. Um deles, que incentivava os cristãos a se oporem aos judeus, acusando-os de terem rejeitado e crucificado Jesus, teve mais de 500 mil visualizações.[17] No Brasil, a situação não foi

[16] Yuval Mann, "Posts claiming Jews killed Jesus rose over 1,000% on X (formerly Twitter) after the October 7 Hamas massacre", *YNet,* 1º de janeiro de 2024, <https://www.ynetnews.com/business/article/rydcp11edp>.

[17] Eis o conteúdo traduzido desse tuíte: "Eles rejeitaram a Cristo; zombaram dele e o mataram; eles alegam que Cristo está no inferno fervendo em excrementos; urinam e defecam em locais sagrados cristãos; amaldiçoam e cospem em cristãos em público; eles se infiltraram e corromperam a igreja; minam as sociedades cristãs e, agora, também bombardeiam igrejas. Você realmente acredita que eles são os escolhidos de Deus? Quanto tempo mais até você perceber que eles são o oposto disso". @Lucas_Gage, *X,* 20 de outubro de 2023, <https://twitter.com/Lucas_Gage_/status/1715243642544099785>.

muito diferente. Um post que afirmava que Jesus era palestino e que fora assassinado pelos judeus acusava os evangélicos de apoiar o Estado de Israel na morte de palestinos.[18]

Contudo, essas demonstrações de antissemitismo cristão não ficaram restritas apenas ao espaço virtual. Um vídeo postado no X e gravado no dia 25 de outubro de 2023, em Washington, D.C., nos Estados Unidos, mostra o motorista de um carro parando o veículo para perguntar a um ciclista se ele era judeu. Após o ciclista responder afirmativamente, o homem passa a gritar em alusão a João 8.44: "Eu sabia! Eu sabia que você era judeu. Você e seu povo são o diabo. Você é o diabo". Meses depois, durante uma manifestação em favor de Israel em Toronto, no Canadá, um homem enrolado em uma bandeira da Palestina gritou em um megafone para os judeus que estavam presentes no local: "Vocês são conhecidos como os assassinos de profetas. Perguntem a seus pais o que vocês fizeram com Jesus. Perguntem a eles o que fizeram com Moisés". Casos como esses foram registrados em vários protestos anti-Israel realizados após o massacre do Sete de Outubro, inclusive por pessoas que sequer são cristãs.

O que mais me entristece em todos esses casos é ver a Bíblia sendo instrumentalizada para propagar o ódio ao povo que não apenas me apresentou à fé cristã, mas o povo do qual Jesus fez parte durante seu ministério neste mundo. Ou seja, textos escritos por autores judeus — a Bíblia — são usados

---

[18] Julio Macondo: "Jesus era palestino e foi crucificado pelos judeus, que preferiram a liberdade de Barrabás. Para surpresa de zero pessoa, os evangélicos apoiam os judeus e crucificam os palestinos". @JulioMacondo, *X*, 11 de novembro de 2023, <https://x.com/JulioMacondo/status/1723304872756367491>. Esse post teve quase 270 mil visualizações.

INTRODUÇÃO

hoje para justificar sentimentos negativos contra os próprios judeus. Isso me fez lembrar o que senti ao escrever na minha dissertação de mestrado sobre a tentativa de genocídio impetrada pelo Estado Islâmico contra os cristãos e os yazidis[19] no Iraque, em 2014.[20]

Ao ler sobre esse grupo terrorista e observar os argumentos teológicos extraídos do Alcorão para demonizar minorias religiosas, eu me perguntava: Como meus amigos muçulmanos, que amam cristãos como eu, conseguem seguir uma religião cujos textos sagrados podem ser tão facilmente usados para matar pessoas como eu? Porém, descobri que esse talvez seja o mesmo pensamento que muitos judeus já possam ter tido em relação a mim e ao cristianismo.

Diante de tudo isso, o que me faz continuar sendo cristão e crendo que a Bíblia é a Palavra de Deus é o próprio Jesus. Em um de seus momentos de maior fragilidade, após quarenta dias jejuando no deserto, Jesus foi tentado pelo diabo, que entre tantas estratégias, usou o salmo 91[21] para fazer o Senhor duvidar de sua própria identidade. Palavras que

[19] Os yazidis vivem principalmente no Iraque e na Síria e se caracterizam por sua religião sincretista composta de elementos do islamismo, cristianismo, judaísmo e até mesmo paganismo.

[20] Igor Henrique Sabino de Farias, "Deslocados internos por perseguição religiosa e o Estado islâmico: uma análise do caso iraquiano (2006 - 2014)", dissertação de mestrado, Programa de Pós-Graduação em Relações Internacionais (PPGRI), Universidade Estadual da Paraíba, João Pessoa, 2018, <https://pos-graduacao.uepb.edu.br/ppgri/files/2018/05/Igor-Henriques-Sabino-de-Farias.pdf>.

[21] "Então o diabo o levou a Jerusalém, até o ponto mais alto do templo, e disse: 'Se você é o Filho de Deus, salte daqui. Pois as Escrituras dizem: 'Ele ordenará a seus anjos que o protejam. Eles o sustentarão com as mãos, para que não machuque o pé em alguma pedra'" (Lc 4.9-11).

deveriam trazer vida agora estavam sendo usadas na tentativa de provocar a morte. Porém, a solução de Jesus não foi abolir as Escrituras em razão de Satanás poder usá-las para seus propósitos malignos. Muito pelo contrário, Jesus afirmou que viera exatamente cumprir aqueles mesmos textos que estavam sendo tirados do seu contexto original. Jesus venceu a tentação mostrando ao Acusador que a Palavra de Deus é viva e eficaz.

Do mesmo modo, Pedro afirma que alguns dos escritos de Paulo eram difíceis de serem compreendidos e que havia pessoas que distorciam suas palavras, bem como outras partes das Escrituras. Mas Pedro afirma que haverá uma punição severa para os que faziam isso: "Como resultado, eles próprios serão destruídos" (2Pe 3.16). Isso mostra que até mesmo os autores bíblicos sabiam que suas palavras poderiam ser mal interpretadas e usadas para fins diferentes daqueles pretendidos originalmente.

O zelo pelo evangelho é o que me motiva a escrever este livro. Não sou teólogo nem biblista, apenas um cristão e cientista político que pesquisa as consequências políticas de ideias religiosas, com ênfase nos direitos humanos, sobretudo relacionados ao Oriente Médio e ao Holocausto. Logo, este livro é muito mais historiográfico que teológico. Meu objetivo é, principalmente, demonstrar como a Bíblia tem sido usada para gerar dor e sofrimento ao povo judeu, a fim de despertar outros cristãos para que cuidemos das palavras que afirmamos amar.

Espero que o mesmo incômodo que senti ao descobrir os fatos e as verdades duras que descrevo aqui incentive o leitor não apenas a continuar amando a Bíblia, mas principalmente a Deus e ao próximo, sobretudo quando esse próximo

INTRODUÇÃO

pertence ao mesmo povo que nos deu a Bíblia e nosso Messias. Justamente por crer que as Escrituras Sagradas são a palavra de Deus, creio que é possível lê-las e ser fiel a elas sem que isso resulte em ódio e antissemitismo.

Acredito que a triste história recente do cristianismo nesse aspecto, a qual culminou no genocídio de 6 milhões de judeus durante o Holocausto, precisa nos despertar para essa realidade. Embora o crescimento do antissemitismo tenha se tornado mais visível após o Sete de Outubro, o aumento dos casos de ódio contra os judeus por parte dos cristãos, inclusive no Brasil, é anterior a esse ataque.

Um exemplo disso foi a prisão do pastor Tupirani da Hora Lores, da Igreja Pentecostal Geração Jesus Cristo, em 2022. Ele foi condenado a 18 anos e 6 meses de prisão após orar publicamente para que um novo Holocausto acontecesse. Esse talvez seja o caso mais extremo e conhecido de antissemitismo cristão no Brasil nos últimos anos, mas não significa que seja um caso isolado, uma vez que o Brasil, diferentemente de outros países como os Estados Unidos e a própria União Europeia, não produz relatórios periódicos sobre a questão. Ademais, muitos casos de antissemitismo cristão acabam passando despercebido, principalmente nas redes sociais, já que não são denunciados oficialmente. Mesmo assim, podemos afirmar que esse triste fenômeno está presente entre os cristãos brasileiros.

De acordo com um estudo realizado pela Liga Antidifamação em 2019 e em 100 países, 25% dos brasileiros acreditam em algum tipo de estereótipo antissemita. Entre os cristãos, esse número chega a 27%.[22] Entretanto, há razões

[22] Anti-Defamation League, "ADL Global 100 – Brazil", <https://global100.adl.org/country/brazil/2019>.

para pensar que atualmente esse número seja muito maior, tendo em vista o crescimento do antissemitismo após a pandemia de covid-19 e a guerra mais recente entre Israel e o Hamas, em 2023. Esse conflito, aliás, acabou sendo incorporado à polarização da política brasileira, principalmente em razão da postura parcial do presidente Lula em relação à Palestina. Em uma ocasião, ele chegou a comparar as ações do Estado judeu na Faixa de Gaza com o que Hitler fez durante a Segunda Guerra Mundial, em uma clara tentativa de relativizar o Holocausto.[23]

E por falar em Segunda Guerra, é necessário também chamar a atenção para o crescimento do neonazismo no Brasil. De acordo com uma reportagem do *Fantástico*, exibida em janeiro de 2022, naquele ano, o número de células neonazistas no país havia crescido 270% em relação a 2019. Os dados são da antropóloga Adriana Dias, que durante anos se dedicou ao estudo desse movimento sectário no Brasil. De acordo com seu levantamento mais recente, existem atualmente 530 grupos extremistas no país que reúnem cerca de 10 mil pessoas.[24] São estatísticas alarmantes que mostram que a ideologia nefasta que levou ao genocídio segue viva. O nazismo não é algo do passado, não está longe de nós e é uma ameaça não apenas

---

[23] "Lula cita 'genocídio' e compara resposta de Israel na Faixa de Gaza à ação de Hitler contra judeus", *G1 Política*, 18 de fevereiro de 2024, <https://g1.globo.com/politica/noticia/2024/02/18/lula-cita-genocidio-e-compara-resposta-de-israel-na-faixa-de-gaza-a-acao-de-hitler-contra-judeus.ghtml>.
[24] "Grupos neonazistas crescem 270% no Brasil em 3 anos; estudiosos temem que presença online transborde para ataques violentos", *G1 Fantástico*, 16 de janeiro de 2022, <https://g1.globo.com/fantastico/noticia/2022/01/16/grupos-neonazistas-crescem-270percent-no-brasil-em-3-anos-estudiosos-temem-que-presenca-online-transborde-para-ataques-violentos.ghtml>.

INTRODUÇÃO

para a comunidade judaica, mas para a sociedade como um todo. O Brasil teve o maior partido nazista fora da Alemanha[25] e hoje, assim como várias democracias ao redor do mundo, precisa continuar lidando com esse fantasma que volta a rondar o Ocidente. Esse é mais um motivo para que os cristãos entendam como suas Escrituras Sagradas podem ser sequestradas para justificar ações odiosas contra os judeus. Em 2022, houve um aumento significativo dos casos de antissemitismo, em comparação com os anos anteriores. Uma das principais causas desse crescimento foi o antijudaísmo cristão, difundido principalmente por grupos supremacistas brancos adeptos do nacionalismo cristão e por negros ligados ao movimento Black Hebrew Israelites.[26] E o que todos esses grupos radicais têm em comum? Eles recorrem a textos bíblicos para justificar seu ódio e preconceito contra os judeus.

Assim, uma vez compreendidas a urgência e a atualidade do tema que proponho abordar neste livro, é preciso primeiro fazer alguns esclarecimentos conceituais. Nos círculos acadêmicos, e principalmente entre os cristãos, há uma grande discussão sobre as supostas diferenças entre o *antijudaísmo*, que seria o preconceito contra os judeus baseado na religião, e o *antissemitismo*, a perseguição com base na raça. O termo "antissemitismo" surgiu apenas no século 19 e foi cunhado pelo político e jornalista alemão Wilhelm Marr, considerado o pai do antissemitismo moderno, justamente para

[25] Célio Martins, "O 'revival' do nazismo no país que teve o maior partido nazista fora da Alemanha", *Gazeta do Povo*, 10 de fevereiro de 2022, <https://www.gazetadopovo.com.br/vozes/certas-palavras/nazismo-no-brasil/>.
[26] Anti-Defamation League e Tel Aviv University, "Antisemitism Worldwide 2022", <https://cst.tau.ac.il/antisemitism-worldwide-report-for-2022/>.

JESUS, UM JUDEU

se referir à discriminação aos judeus com base em questões raciais, e não religiosas. Essa distinção entre os dois conceitos foi mantida por muito tempo e até defendida por intelectuais que estudaram o movimento nazista, como a filósofa judia Hannah Arendt em sua obra seminal *Origens do totalitarismo*.[27] Para Arendt, o antissemitismo moderno é o resultado da tentativa dos judeus de assimilarem as normas e práticas da cultura dos países onde estavam inseridos e do processo de secularização da Europa. Logo, não haveria nenhuma ligação direta entre esse fenômeno e o antijudaísmo cristão da Idade Média, o qual foi motivado por questões teológicas e religiosas.[28] Porém, o historiador Gavin Langmuir, especialista em Idade Média, defende que a distinção proposta por Arendt e por alguns acadêmicos cristãos simplesmente não se sustenta do ponto de vista empírico e, por isso, deveria ser abandonada.[29] Essa opinião é corroborada pelo historiador Christopher J. Probst, que, ao discutir o antissemitismo dos cristãos luteranos no século 20, reforça que, embora seja tentador afirmar que os cidadãos do mundo secular pós-Iluminista racionalizam seu comportamento em termos não religiosos, não é isso que observamos na prática. Um exemplo disso é o uso por parte dos protestantes alemães da obra de Lutero para endossar o Holocausto.[30]

[27] Hannah Arendt, *Origens do totalitarismo: Antissemitismo, imperialismo, totalitarismo* (São Paulo: Companhia das Letras, 2013).
[28] Ibid., p. 31.
[29] Gavin I. Langmuir, *History, Religion, and Antisemitism* (Berkeley: University of California Press, 1990), p. 276.
[30] Christopher J. Probst, *Demonizing the Jews: Luther and the Protestant Church in Nazi Germany* (Bloomington: Indiana University Press, 2012), p. 8.

38

INTRODUÇÃO

Particularmente também acho que a distinção entre antijudaísmo e antissemitismo não se sustenta, uma vez que os judeus — apesar de serem um grupo étnico-religioso — não se enquadram em nossas definições ocidentais modernas de raça nem de etnia. Além disso, em várias ocasiões ao longo da história, a intolerância religiosa e o racismo contra os judeus ocorreram paralelamente, como a Inquisição católica na Espanha, com seus ideais de pureza racial e, principalmente, o próprio nazismo. Apesar de sua grande ênfase racial, como será demonstrado mais à frente, em várias ocasiões, o próprio Hitler recorreu a estereótipos antijudaicos do cristianismo para justificar sua política de ódio.

Assim, os termos "antissemitismo" e "antijudaísmo" serão usados como sinônimos ao longo deste livro. Na verdade, para mim a palavra ideal e mais precisa seria "judeofobia", uma vez que afirmar que alguém é "semita" é um erro, já que esse é um adjetivo que descreve grupos linguísticos (hebraico, árabe, aramaico etc.).[31] Apenas na modernidade é que esse termo passou a ter conotações raciais, a fim de fazer distinção entre os judeus e os arianos.[32] Outra vantagem da palavra "judeofobia" é justamente o fato de ela abranger todos os tipos de perseguições sofridas pelos judeus ao longo da história, in-

---

[31] Sarah Rollens, Eric V. Eykel e Meredith J. C. Warren, "Confronting judeophobia in the classroom", *Journal for Interdisciplinary Biblical Studies*, 2020, p. 81-106.

[32] Esse, aliás, é um dos grandes equívocos de muitos que tentam justificar o antissemitismo por parte dos árabes. Para esses defensores, os árabes, por serem um povo semita, não poderiam praticar o antissemitismo. Contudo, essa lógica ignora que, historicamente, o termo "antissemitismo" foi cunhado especificamente para designar o ódio aos judeus. Além disso, é totalmente possível alguém ser hostil ao seu próprio grupo étnico ou social.

clusive durante a Antiguidade,[33] sejam elas de origem política, econômica, racial ou religiosa. Mesmo assim, em razão da popularidade do termo "antissemitismo", optei por mantê-lo também com base na definição proposta pela Aliança Internacional para a Memória do Holocausto (IHRA, na sigla em inglês). Essa definição não é aceita unanimemente, mas é hoje em dia uma das mais adotadas entre organizações judaicas em diversos países. De acordo com a IHRA:

> O antissemitismo é uma determinada percepção dos judeus, que se pode exprimir como ódio em relação aos judeus. Manifestações retóricas e físicas de antissemitismo são orientados contra indivíduos judeus e não judeus e/ou contra os seus bens, contra as instituições comunitárias e as instalações religiosas judaicas.[34]

A definição deixa claro que Israel, por ser considerado um exemplo de coletividade judaica, pode ser alvo de críticas antissemitas, como as que comparam políticas israelenses ao nazismo. Isso, contudo, não significa que toda crítica ao Estado judeu seja sinônimo de antissemitismo — apenas aquelas que aplicam a Israel um padrão duplo que não é aplicado a nenhum outro país.

Dentre os vários exemplos fornecidos pela IHRA do que poderia ser considerado antissemitismo, dois são de especial relevância para este livro. O primeiro inclui "apelar, ajudar ou justificar o assassínio ou os maus-tratos a judeus em nome de

---

[33] Rollens, Eykel e Warren, "Confronting judeophobia in the classroom".

[34] International Holocaust Remembrance Alliance, "A definição prática de antissemitismo da IHRA", <https://www.holocaustremembrance.com/pt-pt/resources/working-definitions-charters/definicao-pratica-de-antissemitismo-da-ihra>.

INTRODUÇÃO

uma ideologia radical ou de uma visão extremista da religião". Nesse aspecto enquadra-se tanto a ação de grupos radicais islâmicos, como Hamas, o Hezbollah e o Estado Islâmico, quanto também a atuação de cristãos e grupos supremacistas brancos. O segundo exemplo é mais específico: "utilizar símbolos ou imagens associadas ao antissemitismo clássico (por exemplo, alegações de os judeus terem matado Jesus ou do libelo de sangue) para caracterizar Israel ou os israelitas". Infelizmente, um dos principais estereótipos antissemitas é a acusação de que os judeus são culpados pelo crime de deicídio, ou seja, de serem responsáveis pela morte de Jesus. Essa foi a causa da perseguição a milhares de judeus ao longo da história e ainda hoje se faz presente na retórica antijudaica de muitos cristãos, sendo bastante explorado no contexto do conflito palestino-israelense. Esse ponto, aliás, foi motivo de grande controvérsia nos Estados Unidos em 2023, quando o Congresso norte-americano votou uma lei para o combate ao antissemitismo nas universidades usando como base o entendimento da IHRA. Alguns deputados republicanos e ativistas de direita, com longo histórico de posicionamentos antissemitas, opuseram-se à proposta legislativa afirmando que a definição da IHRA daria margem para a perseguição religiosa contra os cristãos e tornaria partes do Novo Testamento ilegais, já que algumas passagens, segundo eles, culpam os judeus pela morte de Jesus.[35]

Esses dois exemplos não apenas contribuem para definir o antissemitismo em nossos dias, mas também demonstram a

---

[35] Andrew Stanton, "Republicans voting for antisemitism bill say Bible should be illegal", *Newsweek*, 2 de março de 2024, <https://www.newsweek.com/republicans-voting-antisemitism-bill-bible-illegal-1896543>.

relação da religião — sobretudo, mas não apenas a cristã — com a história de ódio aos judeus: esse é o tema central desta obra. O primeiro capítulo mostra como vários aspectos da fé cristã infelizmente contribuíram para o surgimento de uma mentalidade antijudaica no Ocidente. Vamos abordar textos de nomes importantes da teologia cristã até o quinto século, como Justino Mártir, João Crisóstomo e Agostinho de Hipona, que fazem parte da chamada tradição *Adversus Judaeos*. Ao longo da Idade Média, sobretudo durante as Cruzadas e a Inquisição, as obras desses autores foram usadas para justificar a perseguição aos judeus, lançando bases que depois se tornaram um solo fértil para o florescimento do antissemitismo nazista.

O segundo capítulo se concentra na polêmica obra de Martinho Lutero intitulada *Sobre os judeus e suas mentiras*, publicada em 1543, e como ela foi usada por Hitler e seus apoiadores, como Julius Streicher, editor do jornal nazista *Der Stürmer*, que comumente publicava trechos de sermões de Lutero ao lado de trechos bíblicos. Nesse capítulo também será abordada a discussão no âmbito da historiografia sobre as relações entre a fé cristã e o Holocausto. Além de ressaltar a atuação do mártir Dietrich Bonhoeffer e da chamada Igreja Confessante durante o regime nazista, buscarei demonstrar como a teologia supersessionista — a crença de que a Igreja substitui Israel — influenciou a percepção dos cristãos alemães acerca dos judeus, a ponto de teólogos nazistas formularem a figura de um Jesus ariano.

O terceiro capítulo, por sua vez, discorre sobre como os estereótipos antijudaicos advindos do cristianismo e que foram tão fortes durante a época do Holocausto ainda podem ser observados no Brasil e ao redor do mundo. Focarei minha argumentação nos grupos supremacistas brancos adeptos do nacionalismo cristão e no Black Hebrew Israelites, nos Estados

INTRODUÇÃO

Unidos. Meu objetivo com a análise dessas organizações radicais é mostrar como libelos antissemitas antigos, como a acusação de que os judeus são responsáveis pela morte de Jesus ou de que são filhos do diabo, são utilizados em discussões recentes sobre questões como a obrigatoriedade de vacinas durante a pandemia de covid-19, o crescente negacionismo do Holocausto e as tensões do conflito palestino-israelense.

Por fim, o quarto capítulo diz respeito à maneira como a teologia palestina da libertação, em sua tentativa de contextualizar a mensagem do evangelho, acaba reforçando antigos estereótipos cristãos antijudaicos, principalmente por meio da demonização do Estado de Israel. Enquanto criticam o sionismo cristão defendido principalmente por evangélicos ocidentais, os teólogos palestinos acabam defendendo sua própria forma de nacionalismo cristão, incorrendo assim no mesmo erro que se propõem combater. Na prática, isso contribui ainda mais para o apagamento da identidade judaica de Jesus e reforça a judeofobia.

Uma vez compreendido como a Bíblia foi e continua sendo usada para justificar o ódio aos judeus, na Conclusão apresento uma breve proposta de como podemos lidar com as contradições relacionadas àquilo que o texto bíblico afirma e à maneira como ele é recebido e interpretado atualmente. Além disso, busco esboçar uma proposta de teologia pública de combate ao antissemitismo e a possibilidade de conciliar a mensagem universal do cristianismo com as particularidades étnicas e culturais de todas as nações sem incorrermos nos pecados do racismo e da xenofobia. Também serão feitas algumas sugestões de ações concretas de como podemos combater o antissemitismo e fomentar um diálogo inter-religioso e respeitoso com os judeus sem, com isso, abrir mão de nossas crenças fundamentais.

Espero, dessa maneira, contribuir para que a leitura da Bíblia, o livro que me trouxe vida, não traga mais morte ao povo que nos deu o Messias.

1
O verdadeiro Israel ou deicidas?

*O antissemitismo e o surgimento
do cristianismo*

Logo, os verdadeiros filhos de Abraão
são aqueles que creem.

GÁLATAS 3.7

"Mas não eram os cravos que o prendiam na cruz, foi meu pecado que matou Jesus." Esse verso faz parte de uma das canções mais conhecidas no evangelicalismo brasileiro do início dos anos 2000, "A vitória da cruz", do grupo Diante do Trono. Apesar das muitas discussões teológicas em relação a trechos dessa música que falam sobre o inferno, desde criança a parte que sempre me marcou foi esta: pensar que o pecado de toda a humanidade, inclusive o meu, foi a causa da morte de Jesus. Isso parece contradizer certas passagens dos Evangelhos que têm sido usadas ao longo da história para imputar ao povo judeu a culpa pela morte de Cristo.

Ao ler Mateus 27.25, por exemplo, pensava que aqueles sobre os quais recairia o sangue de Jesus não seria o povo judeu e sim toda a humanidade pecadora. Do mesmo modo, quando lia Jesus se referir a seus interlocutores como "filhos de seu pai, o diabo" (Jo 8.44), pensava não naqueles judeus especificamente, mas em qualquer pecador. Toda vez que eu era flagrado contando alguma inverdade, minha mãe fazia questão de me lembrar esse versículo, pois me repreendia dizendo que aquele que mente não é filho de Deus, mas, sim, do diabo. Como a leitura de contos de fadas não era algo comum na minha casa, essa "abordagem pedagógica" se mostrou muito mais eficaz do que simplesmente dizer que, caso eu mentisse, meu nariz cresceria como o do Pinóquio. Definitivamente, a ameaça de ter Satanás por pai era muito mais aterrorizante do que a possibilidade de me tornar narigudo.

Brincadeiras à parte, hoje entendo que, mesmo sem me dar conta, a maneira como eu interpretava essas passagens era fruto de uma leitura sadia das Escrituras, um hábito que herdei não apenas da minha mãe, mas, principalmente, da tradição evangélica na qual ela mesma havia crescido e me criou. Felizmente, essa é a maneira como muitos cristãos leem não apenas esses versículos, mas várias passagens do Novo Testamento que costumam ser usadas por antissemitas.

Para os evangélicos, a única maneira de os seres humanos serem reconciliados com Deus é por meio do sacrifício perfeito de Cristo. O nosso pecado nos incapacita de tal modo na obtenção da salvação que apenas a morte de alguém santo e perfeito como o Filho de Deus é capaz de nos salvar. De acordo com esse pensamento, quem matou Jesus foi o próprio Deus Pai em razão do pecado da humanidade. Ao comentar, por exemplo, o texto de Romanos 8.32 ("Se ele não poupou nem mesmo seu próprio Filho, mas o entregou por todos nós, acaso não nos dará todas as outras coisas?"), o importante pastor e teólogo reformado John Piper afirma que a culpa de nossas transgressões e a punição por nossas iniquidades, inevitavelmente, nos levariam à destruição no inferno. Logo, Deus não poupou o seu próprio Filho, crucificando-o pelos nossos pecados, a fim de nos poupar desse castigo eterno. Piper ainda diz que Romanos 8.32 é o versículo mais importante de toda a Bíblia, pois fundamenta toda a esperança de salvação proposta pelo cristianismo.[1] Esse é um pilar muito importante da teologia evangélica e acabou até sendo mencionado indiretamente na música do Diante do Trono.

Ao longo da história, porém, nem todos os cristãos têm pensado assim. Quanto mais o cristianismo se distanciou do judaísmo, na chamada "partilha dos caminhos" por volta do século 4 d.C., mais comuns se tornaram as leituras bíblicas hostis aos judeus.[2] Isso contribuiu para o surgimento do antissemitismo como o conhecemos atualmente. Ao ser questionada sobre a razão pela qual Hitler odiava os judeus, a sobrevivente do Holocausto Hédi Fried respondeu de maneira muito clara e concisa:

> Depois do nascimento de Cristo, um novo tipo de monoteísmo começou a se espalhar. Ficou conhecido como cristianismo. O próprio Jesus era judeu, um rabino de uma das várias facções judaicas. Logo, mais pessoas estavam seguindo a doutrina de Jesus, e seus discípulos saíram para o mundo para converter pagãos. Esses profetas cristãos tentaram convencer os judeus a aceitar o cristianismo, mas, quando estes se recusaram terminantemente,

[1] John Piper, "Who killed Jesus?", *Desiring God*, 13 de junho de 2024, <https://www.desiringgod.org/articles/who-killed-jesus>.
[2] Diferentemente do que muitos acreditam, a separação entre o cristianismo e o judaísmo não foi um processo simples; é impossível precisar uma data específica de quando essa separação ocorreu de fato. Sobre esse assunto, recomendo Gerald McDermott (ed.), *Understanding the Jewish Roots of Christianity: Biblical, Theological, and Historical Essays on the Relationship between Christianity and Judaism* (Bellingam: Lexham Press, 2021).

foram acusados de matar Cristo. A perseguição aos judeus tomou formas cada vez mais odiosas.[3]

Faço questão de reproduzir na íntegra as palavras de Fried pois, quanto maior o crescimento do negacionismo do Holocausto, maior a necessidade de ouvirmos os sobreviventes dessa que foi uma das maiores tragédias da humanidade. Uma vez que a maioria deles já nos deixou, é imprescindível que reverberemos suas vozes para as próximas gerações.

Também é fundamental escutarmos com atenção quando uma dessas vozes remanescentes nos lembram do triste papel que o cristianismo acabou desempenhando na propagação do ódio aos judeus, algo que não começa com Jesus nem com os apóstolos, como ela bem ressalta, mas a partir de grupos subsequentes de cristãos. Nesse sentido é interessante (e triste) perceber como praticamente todas as principais obras acadêmicas que se dispõem a contar a história do antissemitismo possuem um capítulo inicial sobre o cristianismo.[4] Isso deveria gerar em nós alguns incômodos e questionamentos.

O cristianismo é antissemita?

A depreciação sistemática dos judeus por parte dos cristãos teve início cerca de cem anos após a morte de Jesus. Os escritos de Justino Mártir, por exemplo, afirmam que a destruição do templo de Jerusalém pelos romanos, em 70 d.C., foi uma

---

[3]Hédi Fried, *Perguntas que me fazem sobre o Holocausto* (Porto Alegre: WMF Martins Fontes, 2020), p. 9-10.
[4]Dentre eles, destaco: Robert S. Wistrich, *A Lethal Obsession: Anti-Semitism from Antiquity to the Global Jihad* (Nova York: Random House, 2010) e Davi Nirenberg, *Anti-Judaism: The Western Tradition* (Nova York: W. W. Norton & Company, 2013).

O VERDADEIRO ISRAEL OU DEICIDAS?

punição justa pelos pecados do povo de Israel. Porém, a grande questão que preocupa tanto historiadores quanto teólogos é saber se esse ódio antijudaico seria intrínseco ao próprio Novo Testamento ou apenas uma consequência das interpretações tardias feitas pelos chamados Pais da Igreja.[5]

As primeiras discussões acadêmicas sobre esse assunto surgiram em 1948, com a publicação do livro *Jésus et Israel*, logo após o Holocausto e no ano em que o Estado de Israel declarou sua independência. A obra foi escrita pelo historiador francês de origem judaica Jules Isaac. Ele era um acadêmico proeminente na França, até que o país foi ocupado pelos nazistas em 1940, o que pôs um fim à sua carreira de inspetor educacional do governo francês. Três anos depois, em 1943, sua esposa e vários familiares foram levados aos campos de concentração, e apenas seu filho sobreviveu. Essa tragédia familiar o motivou a pesquisar mais a fundo a relação entre o cristianismo e o antissemitismo. Embora não considerasse Hitler um cristão, Isaac chegou à conclusão de que o *Führer* só fora capaz de colocar em prática suas ideias genocidas por causa do prevalente sentimento antijudaico presente há séculos na tradição cristã europeia.[6]

A obra de Isaac, apesar de sua óbvia carga emocional, trouxe inquietações importantes. Ele basicamente comparou textos do Novo Testamento com as interpretações posteriores feitas pelos Pais da Igreja, concluindo que a visão antijudaica desses autores era incompatível com os próprios ensinos das

[5] Walter Laqueur, *The Changing Face of Antisemitism: from Ancient Times to the Present Day* (Oxford: Oxford University Press, 2006), p. 146.
[6] Jules Isaac, *Jesus and Israel* (Nova York: Holt, Rinehart and Winston, 1971), p. 400.

Escrituras, tendo em vista, por exemplo, a própria identidade judaica de Jesus e dos apóstolos. Desse modo, ele desafiou os pilares centrais daquilo que chamou de "ensinos do desprezo" de sua época, segundo os quais o judaísmo da época de Jesus era uma religião degenerada, os judeus como povo eram culpados pelo crime de deicídio e, consequentemente, como punição divina, haviam sido espalhados entre as nações.

É importante destacar que Isaac não se opôs ao cristianismo nem culpou o texto bíblico em si pelo ódio aos judeus, mas sim suas interpretações posteriores. Ainda assim, ele acabou levantando questionamentos significativos sobre os documentos centrais da fé cristã, sobretudo com sua análise de Mateus 27.25. Isso deu margem para que outros autores, na esteira de sua obra, chegassem a conclusões diferentes — e não muito favoráveis ao cristianismo. Dentre eles, Rosemary Ruether, Gregory Baum e James Carroll.

Em 1974, a teóloga progressista e feminista Rosemary Ruether gerou muitas controvérsias com seu livro *Faith and Fratricide*,[7] no qual afirma de modo categórico que o antissemitismo é o braço direito do cristianismo. Sua tese baseia-se na premissa de que a fé cristã, ao afirmar que Jesus é o Messias e aquele que cumpre a lei e as profecias de Israel, necessariamente anula o judaísmo como um todo. Logo, por essa razão, o cristianismo seria essencialmente antijudaico, já que a única forma de um judeu obter a salvação seria abandonando aspectos centrais de sua identidade, o que levaria ao desaparecimento por completo do judaísmo em detrimento de uma nova identidade cristã.

---

[7] Rosemary Ruether, *Faith and Fratricide: The Theological Roots of Anti-Semitism* (Eugene: Wipf and Stock Publishers, 1996).

O VERDADEIRO ISRAEL OU DEICIDAS?

Para Ruether, portanto, a cristologia e o antijudaísmo são dois lados da mesma tradição exegética do cristianismo primitivo. Em sua visão, essas características ficam claras nas interpretações feitas pelos primeiros cristãos dos livros de Moisés, dos Salmos e dos Profetas, interpretações essas que acabaram se tornando a visão normativa da igreja primitiva. Essa exegese rivalizava diretamente com a tradição oral desenvolvida pelos fariseus, que passaram a ser vistos como os principais inimigos dos primeiros cristãos, uma vez que desafiavam a noção de que apenas a incipiente igreja cristã possuía a interpretação correta dos textos bíblicos. Não à toa, foi atribuído aos fariseus um papel negativo que permanece até hoje no imaginário cristão, uma visão fomentada não apenas pelo Novo Testamento mas também corroborada pelos escritos dos Pais da Igreja.

Assim, a autora argumenta que a tradição antijudaica passa a existir como um lado negativo da identidade e missão de Jesus. Se por um lado a igreja argumenta que as Escrituras apontam para Cristo como o verdadeiro Messias, por outro, desenvolveu textos completamente hostis aos judeus, tornando praticamente nula a tradição judaica.[8] Essa conclusão é bastante diferente daquela alcançada por Jules Isaac, que não via o cristianismo em si como a causa do antijudaísmo, e a proposta de Ruether é tão radical quanto seu diagnóstico: um tipo de universalismo teológico no qual os cristãos deveriam abandonar a ideia de que são os únicos detentores do conhecimento acerca da salvação. De acordo com esse raciocínio, o judaísmo permanece, portanto, uma tradição tão válida quanto o cristianismo. Essa postura, porém, contraria até mesmo as doutrinas católicas e protestantes desenvolvidas após o

[8] Ibid., p. 64-5.

Holocausto, segundo as quais os judeus não precisariam crer na messianidade de Jesus a fim de serem salvos, como destaca o padre Gregory Baum na introdução do livro de Ruether.

Baum, um judeu convertido ao cristianismo, também enfrentou na pele os horrores do antissemitismo nazista, assim como Jules Isaac. Influenciado pela obra do historiador francês, publicou em 1961 o livro *The Jews and the Gospel*.[9] Embora reconhecesse a tendência de leituras antijudaicas do Novo Testamento, Baum ofereceu uma defesa dos textos bíblicos com base em três princípios para a interpretação de passagens hostis aos judeus.

Primeiro, alguns desses textos eram direcionados exclusivamente à geração da qual Jesus fazia parte, ou seja, passagens direcionadas aos judeus que haviam rejeitado a mensagem do Messias e que agora estavam sob julgamento divino. O segundo princípio proposto por Baum afirma que as passagens neotestamentárias que descrevem os judeus como um povo cego espiritualmente e de duro coração eram advertências feitas pelos autores bíblicos (a maioria judeus convertidos ao cristianismo) a fim de convencer seus compatriotas a adotarem a fé cristã. Dessa forma, passagens como João 12.40, Atos 28.26-27 e Atos 13.46, entre outras, não descreviam a condição do judaísmo do primeiro século, mas eram uma espécie de sermões de judeus para judeus que adquiriram uma conotação antissemita apenas quando foram apropriados por cristãos gentios que usaram esses textos para criticar a religião judaica como um todo. Por fim, Baum argumenta que muito da visão negativa acerca dos escribas e dos fariseus, bem

---

[9] Gregory Baum. *Jews and the Gospel: A Re-examination of the New Testament* (Londres: Bloomsbury-Publishing Company, 1961).

O VERDADEIRO ISRAEL OU DEICIDAS?

como de outros grupos que faziam oposição a Jesus, não eram descrições históricas deles, mas serviam apenas para mostrar as patologias às quais a religião está sujeita. O objetivo era levar os cristãos à autorreflexão.

Contudo, esses argumentos acabaram colocando o autor em uma posição contraditória, uma vez que ele teve de admitir, ao longo de seus estudos (incluindo a leitura da obra de Ruether), que muitas passagens bíblicas na verdade refletiam o conflito entre a Igreja e a Sinagoga no primeiro século. É nesse contexto que ele menciona um documento muito importante emitido pelo Vaticano em 1965: a *Nostra Aetae*.[10]

O documento faz parte de uma série de iniciativas da Igreja Católica depois da Segunda Guerra Mundial, como o Segundo Concílio do Vaticano, para promover a tolerância religiosa, não apenas em relação aos judeus mas também a muçulmanos, hindus e budistas. No que diz respeito à religião judaica, a *Nostra Aetae* afirma que a igreja é a continuação da nação de Israel nos planos redentivos de Deus e que

> segundo o testemunho da Sagrada Escritura, Jerusalém não conheceu o tempo em que foi visitada; e os judeus, em grande parte, não receberam o Evangelho; antes, não poucos se opuseram à sua difusão. No entanto, segundo o Apóstolo, os judeus continuam ainda, por causa dos patriarcas, a ser muito amados de Deus, cujos dons e vocação não conhecem arrependimento.[11]

---

[10] Gregory Baum, "Introduction", in: Ruether, *Faith and Fratricide*, p. 3-4.
[11] Santa Sé, "Declaração *Nostra Aetae* sobre a igreja e as religiões não-cristãs", publicada originalmente em 28 de outubro de 1965, <https://www.vatican.va/archive/hist_councils/ii_vatican_council/documents/vat-ii_decl_19651028_nostra-aetate_po.html>. O trecho citado faz alusão a passagens como Lucas 19.44 e Romanos 11.28-29.

Ou seja, o Vaticano mantém a posição de que a igreja, de certo modo, substitui Israel enquanto povo de Deus, mas, ao mesmo tempo demonstra respeito pela fé judaica. Esse documento serviu até mesmo de inspiração para declarações recentes do Papa Francisco que desencorajam o evangelismo de judeus com base nesse texto. A *Nostra Aetae* também é muito importante para as relações entre judeus e cristãos, pois reconhece que os judeus não podem ser coletivamente culpados pela morte de Jesus e que todo cristão deveria se comprometer com o combate ao antissemitismo.

Para muitos judeus, contudo, esses esforços, embora importantes, ainda são insuficientes para lidar com o uso da Bíblia para justificar o sentimento antijudaico. Outros cristãos, não apenas evangélicos, mas também católicos mais tradicionais, rejeitam o documento pois o consideram contraditório com o ensino supostamente presente nos textos bíblicos. O próprio Baum vai por esse caminho, apontando essa como uma das razões para crer que, quando se trata de antissemitismo, o problema não são as interpretações gentílicas do Novo Testamento, mas o próprio texto bíblico em si, bem como a organização social e política do cristianismo. Essa interpretação também é compartilhada por James Carroll, ex-padre católico e autor do controverso livro *Constantine's Sword*,[12] uma obra de tom jornalístico e não acadêmico que fomentou uma série de debates entre pesquisadores por contar a história do surgimento do antijudaísmo cristão e como isso preparou o caminho para a ascensão do antissemitismo moderno.

---

[12] James Carroll, *Constantine's Sword: The Church and the Jews, a History* (Boston: Houghton Mifflin Harcourt, 2001).

O VERDADEIRO ISRAEL OU DEICIDAS?

Ao discutir sobre os textos bíblicos usados para a promoção do antissemitismo, como Mateus 27.25 e João 8.44-45, Carroll recorre a um método exegético inaceitável para muitos cristãos evangélicos conservadores — dentre eles eu mesmo. Porém, segue um rumo semelhante aos argumentos iniciais de Baum em sua apologética do Novo Testamento. Ele afirma que os autores dos Evangelhos eram de fato judeus e não nutriam nenhum sentimento de ódio contra seus compatriotas, porém, diante das frustrações de não conseguir convertê-los, acabaram adotando uma postura de advertência. Além disso, de acordo com Carroll, o medo da perseguição por parte do Império Romano teria levado os autores bíblicos a amenizar a culpa de Roma na crucificação de Jesus e, por conseguinte, a atribuí-la aos judeus descrentes.

Portanto, o Novo Testamento como um todo, embora sendo Palavra de Deus, teria sido fruto dessa experiência traumática de seus autores humanos. Nesse sentido, uma leitura dessas passagens fora de contexto acaba sendo letal. Com base nesse raciocínio, Carroll tece críticas à *Nostra Aetae*, chegando até mesmo a conclamar a necessidade de um terceiro Concílio. Ele afirma que embora seja importante repudiar a acusação de que os judeus foram culpados pela morte de Jesus, é necessário ir muito além disso e confrontar a ideia de que o judaísmo se tornou uma religião inválida e sem sentido com o advento do cristianismo. Nesse aspecto, ele se aproxima tanto do pensamento de Baum quanto de Ruether e defende a elaboração de uma nova cristologia.

Confesso que levei um grande susto ao tomar conhecimento desses debates. Além de não compreender como alguém seria capaz de usar os textos do Novo Testamento, sobretudo os Evangelhos, para propagar e justificar o antissemitismo, obviamente também jamais havia cogitado a possibilidade de haver esse nível de ingerência humana no texto sagrado. Hoje, continuo questionando essa visão e crendo que a Bíblia é a Palavra de Deus. Por alguma razão que desconheço, em sua soberania, Deus permitiu que ela fosse escrita e preservada da maneira como a conhecemos hoje. A nós cristãos cabe a responsabilidade de sermos fiéis aos seus mandamentos, e isso inclui a ordenança de amar ao próximo como a nós mesmos (Mt 22.34-40). É por esse motivo que debates assim chamam tanto minha atenção.

Sem dúvida a chamada tradição *Adversus Judaeos*, iniciada com Justino, foi um elemento comum às principais obras teológicas cristãs dos primeiros séculos, moldando o pensamento de grandes Pais da Igreja, como João Crisóstomo e Agostinho de Hipona, bem como, mais à frente, do reformador Martinho Lutero. Alguns escritos desses autores, juntamente com textos do Novo Testamento, foram comumente usados pelos nazistas para justificar suas políticas antissemitas de genocídio — e até hoje são utilizadas por cristãos para expressar ódio aos judeus. Seria então o cristianismo realmente uma religião propensa ao antissemitismo? De acordo com uma pesquisa realizada pela ADL em 2019, com a impressionante amostragem de 4 bilhões de pessoas em 100 países, 24% dos cristãos possuem algum tipo de opinião contrária aos judeus. Em compensação, o número de muçulmanos nessa situação é mais do que o dobro: 49%.[13]

Ademais, é comum que muçulmanos recorram ao Alcorão, seu livro sagrado, para justificar preconceitos contra os judeus, sobretudo no contexto do conflito israelo-palestino, o que fica bastante evidente na atuação de grupos terroristas

---

[13] Anti-Defamation League, "Global 100", 2019, <https://global100.adl.org/map>.

O VERDADEIRO ISRAEL OU DEICIDAS?

como o Hamas, a Jihad Islâmica, o Hezbollah, o Estado Islâmico e a Al-Qaeda. Além do próprio Irã, uma teocracia xiita que tem no antissemitismo e no antissionismo um dos pilares de sua atuação política, deixando claro constantemente seu interesse de varrer Israel do mapa, um objetivo que ficou ainda mais escancarado após o massacre do Sete de Outubro. Nesse aspecto, porém, alguns estudiosos do tema destacam uma distinção importante entre os textos sagrados do cristianismo e os do islã. No Alcorão, por exemplo, os judeus não são associados ao diabo e não há uma retórica hostil e antijudaica[14] — o que não significa, contudo, que não haja antissemitismo religioso islâmico baseado em textos sagrados.[15]

O relatório de 2021 do governo israelense sobre esse tema afirma, por exemplo, que muitos dos casos de ódio aos judeus naquele ano derivaram de textos sagrados islâmicos, incluindo o Alcorão. No entanto, o mesmo relatório atenta para o fato de que esse antissemitismo árabe-muçulmano geralmente também adota estereótipos e ideias advindas do antissemitismo cristão-europeu. Diante disso, o relatório destaca que é necessário lembrar que as Escrituras sagradas das três grandes religiões monoteístas são dispostas no formato de um "grande oceano" — qualquer um pode "pescar" conteúdo de qualquer texto e usá-lo da maneira que serve a seus propósitos, seja para a promoção da paz e da tolerância, seja para fomentar o antissemitismo e a violência.[16]

---

[14] Armin Lange et al., *Confronting Antisemitism from the Perspectives of Christianity, Islam, and Judaism* (Berlim: De Gruyter, 2020).

[15] Um exemplo disso, em relação ao contexto do conflito Israel-Palestina pode ser mais bem compreendido em Michel Goodman, *O impasse de 1967* (São Paulo: É Realizações, 2020).

[16] The Jewish Agency for Israel e World Zionist Organization, "The Antisemitism Annual Report for 2021 of the Department for Combating

Isso ficou claro em nossa análise das obras controversas de Ruether, Baum e Carroll, mencionadas anteriormente. Contudo, felizmente há hoje um número considerável e crescente de acadêmicos sérios, tanto judeus quanto de várias denominações cristãs, que apontam possibilidades de entendimento e diálogo inter-religioso. Para combater o antissemitismo, os cristãos não precisam abrir mão de elementos essenciais à sua fé, como a própria cristologia.

Acredito que o cristianismo, assim como o islã e qualquer outra religião, pode funcionar, na prática, como uma ideologia política, algo que pode ter tanto aspectos benéficos quanto deletérios. Do mesmo modo que a religião foi e é usada para justificar violência e atrocidades, ideologias seculares também já serviram a propósitos semelhantes — o nazismo e o comunismo são exemplos disso. Porém, antes de nos aprofundarmos nessa questão, precisamos entender como a Bíblia e o cristianismo foram e continuam sendo usados para propagar e justificar o antissemitismo. E, para isso, precisamos retornar aos primeiros séculos da era cristã, até os Pais da Igreja.

Contra os judeus

Como afirma Robert S. Wistrich em sua obra seminal sobre o antissemitismo,[17] não há na civilização ocidental nenhum outro ódio que seja mais duradouro do que aquele direcionado aos judeus. Embora as formas e a intensidade dessa hostilidade

Antisemitism & Enhancing Resilience", <https://www.wzo.org.il/Upload/media/Files/antisemitism-%20ENG.pdf>.

[17] Robert S. Wistrich, *A Lethal Obsession: Anti-Semitism from Antiquity to the Global Jihad* (Nova York: Random House, 2010).

O VERDADEIRO ISRAEL OU DEICIDAS?

tenham variado ao longo da história, alguns padrões permanecem inalterados, sobretudo algumas acusações irracionais feitas contra os judeus durante os últimos dois mil anos. Dentre elas, a noção de que os judeus são deicidas, culpados pela morte de Jesus, ou então teorias católicas de que os judeus perfuravam a hóstia da eucaristia para fazer o corpo de Cristo sofrer outra vez. Há também o chamado libelo de sangue, a crença absurda de que os judeus sequestram crianças cristãs para matá-las e usar seu sangue na fabricação dos pães sem fermento durante a Páscoa. Fora as acusações de uma suposta conspiração judaica para o envenenamento de poços cristãos e a formação de uma aliança judaica com o Anticristo no fim dos tempos para destruir a cristandade. Nos dias atuais, muitas dessas acusações e preconceitos são transferidos para o Estado de Israel.

Wistrich ressalta que a persistência, longevidade e poder mítico desse tipo específico de ódio expõe de maneira bastante significativa as tensões e os conflitos que permeiam a cultura cristã europeia na qual esse preconceito foi incubado e nutrido, culminando no seu apogeu: o Holocausto. Sete décadas após o genocídio judaico, historiadores, cientistas políticos, sociólogos, psicólogos e teólogos, bem como acadêmicos de várias outras disciplinas, tentam explicar o antissemitismo. Mesmo assim, a causa dessa aversão aos judeus permanece envolta até hoje em um grande mistério — um ódio que, apesar de se assemelhar a outras formas de racismo e de preconceito, possui um elemento sacramental, quase metafísico, que o distingue de todos os demais.

Nesse sentido, Wistrich — ele mesmo uma vítima direta da judeofobia — conclui que o poder do mito antissemita não pode ser compreendido sem que se investigue suas raízes religiosas, as quais remontam à Antiguidade Clássica, período delineado pelos historiadores entre o oitavo século a.C. até a queda do Império Romano no Ocidente, em 476 d.C. Assim, para compreendermos as polêmicas que relacionam o Novo Testamento ao antijudaísmo é necessário explorarmos o contexto da época, como os conflitos entre os judeus e Roma. Isso se faz ainda mais necessário pelo fato de que, apesar do desconhecimento de muitos cristãos, a fé cristã teve origem na cultura e fé judaicas. Jesus, afinal de contas, nunca foi um cristão, mas sim um homem judeu que viveu e morreu como judeu, condição na qual permanece até hoje nos céus. A separação entre cristianismo e judaísmo, a chamada "partilha dos caminhos", não foi algo simples que ocorreu em um momento único e que pode ser facilmente datado. Muito pelo contrário; as fronteiras entre essas duas religiões permaneceram obscuras por séculos.[18]

As diferenças entre o cristianismo e o judaísmo rabínico emergiram em virtude de vários fatores diferentes, em diversas regiões. Contudo, há um consenso recente na historiografia sobre a relação de Jesus com o chamado Judaísmo do Segundo Templo, o sistema religioso predominante na Palestina do primeiro século. Esse consenso diz respeito ao fato de que Jesus viveu inteiramente imerso nessa tradição judaica. É por isso que, embora alguns de seus contemporâneos judeus rejeitassem seus ensinos, outros concordavam com ele. Independentemente da aceitação ou não de sua mensagem, não há dúvidas de que Jesus era considerado um judeu por todos que ouviam seus ensinos e testemunhavam seus milagres.

---

[18]Philip A. Cunningham, "Jews and Christians from the Time of Christ to Constantine's Reign", in: Albert S. Lindemann e Richard S. Levy (eds.), *Antisemitism: A History* (Oxford: Oxford University Press, 2010), p. 47-62.

O VERDADEIRO ISRAEL OU DEICIDAS?

Isso significa que não ocorreu nenhuma separação entre o judaísmo e a igreja durante a vida de Jesus. Primeiro, porque o judaísmo não era um movimento uniforme e monolítico e, segundo, porque a igreja ainda não existia.

Apesar de o cristianismo primitivo e o emergente judaísmo rabínico definirem suas identidades a partir das mesmas Escrituras Sagradas (isto é, os textos que compõem o que hoje conhecemos como o Antigo Testamento), eles as interpretavam de maneiras completamente diferentes: os cristãos enxergavam o *corpus* veterotestamentário à luz das narrativas e ensinos que depois seriam compilados dando origem ao Novo Testamento; já os judeus liam os mesmos textos através das lentes da literatura rabínica em desenvolvimento. Além disso, havia grande disparidade social entre os dois grupos no que dizia respeito a como eram vistos pelo Império Romano. Os judeus eram reconhecidos legalmente como uma associação religiosa, uma *religio licita*, e não eram obrigados a prestar culto aos deuses romanos. Eles dispunham de liberdade para a construção de sinagogas e até chegaram a ocupar posições sociais de destaque em muitas partes da Grécia e da Ásia Menor. Nesse contexto, alguns gentios, inclusive cristãos, sentiam-se bastante atraídos pelas tradições judaicas, sendo levados não apenas a adotar esses costumes informalmente, mas a incorporá-los na prática das comunidades cristãs — compostas tanto por judeus quanto por gentios convertidos à fé. Para isso, faziam uso de textos do Novo Testamento, como Mateus 5.17-18, no qual Jesus afirma que não veio para abolir a lei, mas sim para cumpri-la. Desse modo, acredita-se que, durante séculos, era comum ver cristãos frequentando sinagogas, por exemplo.

No entanto, enquanto os judeus desfrutavam de certo prestígio por parte de Roma, o mesmo não se aplicava aos cristãos.

Eles não possuíam reconhecimento legal e eram vítimas de constantes ondas de perseguição, sendo marginalizados por seguirem uma religião que aceitava como prosélitos pessoas sem muito prestígio social, como mulheres e escravos. Alguns, como o filósofo grego Celso, até questionavam a validade da fé cristã apontando para o fato de que nem mesmo os judeus reconheciam Jesus como o Messias. As lideranças cristãs, portanto, viam-se diante de um desafio duplo: responder a essas acusações romanas e, ao mesmo tempo, combater o apelo que o judaísmo ainda exercia sobre seus seguidores. É nesse contexto que são escritos documentos como a carta aos Gálatas, epístola na qual o apóstolo Paulo busca combater o ensino de alguns judaizantes que defendiam que os cristãos também precisavam cumprir a lei a fim de serem aceitos por Deus. Como fica evidente em vários escritos da Patrística, foi justamente nesse processo de formação de uma identidade cristã em oposição aos judeus que começou a surgir um sentimento de hostilidade contra os judeus.[19]

Em resposta às críticas pagãs e judaicas, as obras dos Pais da Igreja demonstram uma atitude bastante dura em relação aos judeus e ao judaísmo.[20] O judeu, de acordo com muitos desses primeiros teólogos do cristianismo, nem sequer pode

---

[19]Essa visão negativa acerca dos judeus foi bastante comum na teologia cristã entre o segundo e o quinto séculos e ficou conhecida como *Adversus Judaeos* e está presente nos escritos de vários Pais da Igreja, como Tertuliano e Justino Mártir. Para entender mais sobre esse assunto, recomendo Paula Fredriksen e Oded Irshai, "Christian Anti-Judaism: Polemics and Policies", in: Steven T. Katz (ed.), *The Cambridge History of Judaism*, vol. 4: *The late Roman-Rabbinic Period* (Cambridge: Cambridge University Press, 2006), p. 977–1034.

[20]Edward Kessler, *An Introduction to Jewish-Christian Relations* (Cambridge: Cambridge University Press, 2010).

ser considerado um ser humano. Na melhor das hipóteses, ele é um oponente; na pior, um monstro. Assim, é até difícil julgar se os polêmicos escritos antijudaicos da igreja, a tradição conhecida como *Adversus Judaeos*, é uma descrição de interações reais com os judeus ou se devem ser considerados simplesmente como um gênero literário, fruto da imaginação cristã — um gênero que passou a ser empregado principalmente para combater as visões dos pagãos ou dos hereges cristãos. Independentemente de qual seja o caso, o fato é que essas obras, além de fortalecerem a própria identidade cristã, também esclarecem a postura nada favorável que os Pais da Igreja tinham em relação ao judaísmo. Isso teve consequências importantes e trágicas para as relações entre judeus e cristãos ao longo da história, e até hoje molda a percepção que muitos cristãos continuam a ter sobre os judeus.[21]

É nesse período da história que surge o chamado supersessionismo, ou teologia da substituição, a ideia de que a igreja substituiu a nação de Israel nos planos de Deus e até mesmo na aliança feita com Abraão. Um dos pioneiros dessa ideia foi Justino Mártir, nascido em Samaria e que viveu durante o segundo século. De origem pagã e bastante helenizado, sua principal obra constitui uma série de diálogos com um judeu

---

[21]Apesar de focar em pontos controversos da teologia patrística no que diz respeito ao antissemitismo, vale ressaltar que os Pais da Igreja, ao lidarem com diversas heresias que ameaçaram seriamente a sã doutrina nos primeiros séculos, também tiveram uma contribuição ímpar na elaboração e defesa de doutrinas centrais para a fé cristã como a Trindade, a natureza de Cristo, o pecado original entre outras. É justamente por isso que seus escritos polêmicos precisam ser compreendidos à luz do contexto em que foram produzidos, a fim de que possamos fazer uso adequado de suas contribuições à fé cristã.

chamado Trifão, a qual foi apenas parcialmente preservada. Até hoje os historiadores debatem se esse diálogo realmente existiu ou se a obra constitui apenas um tratado teológico, uma espécie de alegoria, cujo objetivo central é fortalecer a formação de uma identidade cristã em detrimento do judaísmo.

Como destaca o historiador Sergio Alberto Feldman em seu livro *As origens do antijudaísmo cristão*,[22] Justino enfatiza a profecia segundo a qual os gentios seriam herdeiros da aliança de Abraão, tendo em vista a cegueira judaica em não reconhecer Jesus como o Messias. Devido à sua formação helenista, Justino utilizou escritos de Paulo para acentuar e valorizar a vertente gentílica do cristianismo, desprezando os judeus cristãos. Nesse sentido, Justino defendeu a tese de que houve uma espécie de troca nos planos de Deus; nessa substituição, os gentios agora passam a ser o povo escolhido, não mais os judeus. A fim de conciliar essa ideia com a narrativa da Bíblia hebraica e seus personagens como Abraão, Moisés e Davi, o apologista deu início à tendência de redefinir a identidade de Israel, o que continuaria com outros Pais da Igreja.

Segundo esse raciocínio, até a vinda de Jesus, Israel era formado apenas pelos judeus, mas, considerando que esses o rejeitaram como o Messias, todas as promessas feitas à nação hebraica teriam sido transferidas para os gentios cristãos, o *verus Israel,* ou o Israel verdadeiro. Nisso, Justino rompeu com Paulo, promovendo uma verdadeira inversão do ensino apostólico, uma vez que o autor bíblico buscou incorporar os gentios nas alianças de Israel e não excluir os judeus dessas

---

[22] Sérgio Alberto Feldman, *As origens do antijudaísmo cristão* (São Paulo: Pluralidades, 2022), p. 90-2.

alianças.[23] Justino Mártir, portanto, tornou-se um dos primeiros a associar os infortúnios vividos pelos judeus (a destruição do templo e a derrota para os romanos, por exemplo) como um castigo divino por supostamente terem assassinado Jesus. A nação judaica, portanto, deixa de ser o verdadeiro Israel para se tornar um povo deicida.

Essa noção seria desenvolvida por vários outros teólogos cristãos nos séculos seguintes, como Cipriano, Tertuliano, Melito de Sardis, Orígenes, Jerônimo e Efraim, o Sírio. O mais virulento deles, porém, talvez tenha sido João Crisóstomo, conhecido por sua dura retórica contra os judeus, o que o levou a, posteriormente, ser até mesmo citado com frequência pela propaganda nazista.[24] Como afirma David Nuremberg em *Anti-Judaism: The Western Tradition*, um importante compilado sobre a tradição intelectual do antissemitismo, Crisóstomo apresentou os judeus como antagonistas não apenas dos cristãos, mas da própria humanidade.

Em uma série de oito sermões, esse Pai da Igreja que viveu em Antioquia no fim do quarto século descreve os judeus da pior maneira possível. Crisóstomo recorre a passagens do Antigo Testamento para descrever os judeus como um povo obstinado, de dura cerviz e em constante rebelião contra Deus. Para Crisóstomo, os judeus seriam piores do que os porcos, uma vez que suas almas seriam habitadas pelo próprio diabo e as sinagogas seriam lugares de prostituição: "De fato, a sinagoga é menos merecedora de honra do que qualquer estalagem.

---

[23] Para uma melhor compreensão do argumento paulino acerca desse tema leia Romanos 11.

[24] Robert Michael, *Holy Hatred: Christianity, Antisemitism, and the Holocaust* (Londres: Palgrave Macmillan, 2006), p. 35.

Não é meramente um lugar de hospedagem para ladrões e trapaceiros, mas também para demônios. Isso é verdade não apenas para as sinagogas, mas também para as almas dos judeus".[25] A acusação de que os judeus são assassinos e culpados pela morte de Jesus também é comum nos escritos desse Pai da Igreja.

Diante disso, a pergunta é: Quais seriam as causas de tamanho discurso de ódio? A maioria dos pesquisadores acredita que isso se deu ao fato de que os judeus tinham uma forte presença em Antioquia e atraíam os cristãos para seus ritos e cerimônias nas sinagogas, o que era considerado uma ameaça à igreja incipiente e à existência do próprio cristianismo. Vale ressaltar que, nesse período, em meados do quarto século, a posição dos cristãos no Império Romano havia mudado significativamente — eles não eram mais uma minoria marginalizada. Depois da conversão de Constantino, a fé cristã passou a desfrutar de certo nível de liberdade religiosa, principalmente em virtude do Édito de Milão, proclamado em 313, e que garantia a liberdade de culto a qualquer divindade. O "risco" que os judeus representavam, portanto, não era físico ou social, mas sim espiritual, pois ameaçavam a composição da identidade cristã. Portanto, era inadmissível permitir que cristãos abandonassem a fé a fim de adotar costumes judaicos.

Por isso é importante mantermos a perspectiva histórica em relação aos escritos de Crisóstomo. Ele ainda não tinha a noção de que o cristianismo estava se tornando a religião dominante no império e via com preocupação o fato de que, em um passado não muito distante, em 363, o imperador Juliano

---

[25] João Crisóstomo, *Against the Jews*, Homily 1, <https://www.tertullian.org/fathers/chrysostom_adversus_judaeos_01_homily1.htm>.

O VERDADEIRO ISRAEL OU DEICIDAS?

havia prometido reconstruir o templo dos judeus, sendo impedido de fazê-lo em virtude de sua morte em batalha no mesmo ano. A perspectiva de que o templo fosse reconstruído gerava grande ansiedade nos cristãos, pois viam em sua destruição um elemento importante de sua apologética. Afinal, a destruição do templo pelos romanos era o maior indício de que Deus havia rejeitado Israel e punido os judeus pela morte de seu Filho.

A correta interpretação do contexto histórico de Crisóstomo nos ajuda a não incorrer em anacronismo, porém não se pode ignorar o triste legado que sua obra teria no futuro, com consequências trágicas para os judeus ainda hoje. Nos dias de Crisóstomo, não há registros de que seus escritos tenham motivado ações violentas contra os judeus. Porém, trechos de seus sermões antijudaicos foram traduzidos para o russo no século 11 e incorporados à liturgia bizantina da Semana Santa, no mesmo ano em que aconteceu o primeiro *pogrom* da história russa. Além disso, os textos de Crisóstomo foram amplamente difundidos na Europa medieval, onde os judeus eram submetidos a leis bastante severas: eles eram discriminados pelo governo civil, frequentemente associados ao anticristo e considerados um povo amaldiçoado.[26]

Eu não poderia, porém, terminar este capítulo sem mencionar Agostinho de Hipona (354–430 d.C.), considerado não apenas um dos principais Pais da Igreja, mas um dos maiores teólogos da história do cristianismo. Sua obra é importante para a compreensão das bases da civilização ocidental como

---

[26]Joshua Trachtenberg, *The Devil and the Jews: The Medieval Conception of the Jews and its Relation to Modern Antisemitism* (New Haven: Yale University Press, 1943).

um todo. E é justamente por isso que ainda lembro do choque que senti, em 2017, ao visitar em Jerusalém o Yad Vashem, o Museu do Holocausto. Logo na entrada, deparei com uma citação do Bispo de Hipona que até então eu desconhecia. Em uma clara referência a Salmos 59.11,[27] ele afirmou que não cabia aos cristãos matarem os judeus, mas sim espalhá-los entre as nações.

Agostinho, assim como seus predecessores, também acreditava que a igreja havia substituído Israel. As ideias supersessionistas de Agostinho não eram originais, sendo coerentes com a tradição patrística que já existia bem antes dele.[28] Sua contribuição mais original sobre o tema, porém, foi sua defesa das razões que justificavam a preservação do povo de Israel. Entre o terceiro e quarto séculos, a existência dos judeus e do judaísmo significava um problema apologético para a igreja: Se a igreja representava agora o novo povo de Deus, qual a razão do antigo povo ainda existir?

Para Agostinho, os judeus serviam como testemunhas. Eles eram uma prova de que a mensagem de julgamento dos profetas era real, assim como o cristianismo. Além disso, a existência do povo judeu inocentava os cristãos da acusação de que eles haviam inventado as profecias do Antigo Testamento que apontavam para Jesus e eram cumpridas nele. Desse modo, de um problema a ser resolvido, a continuidade de Israel passava a ser, na verdade, um testemunho vivo em favor da mensagem de Cristo e de seus seguidores.

---

[27] "Não os mates, para que meu povo não se esqueça depressa; dispersa-os com teu poder e derruba-os, ó Senhor, nosso escudo" (Sl 59.11).

[28] Michael J. Vlach, *Has the Church Replaced Israel?* (Nashville: B&H Publishing Group, 2010).

O VERDADEIRO ISRAEL OU DEICIDAS?

Assim, a citação que me pegou de surpresa no Yad Vashem serviu, na verdade, para proteger os judeus durante a Idade Média, sobretudo quando tiveram início as Cruzadas. Paula Fredriksen, em seu livro *Augustine and the Jews*,[29] defende a tese de que apesar de seu antijudaísmo — algo comum no cristianismo de sua época —, Agostinho teve um papel fundamental na preservação da vida judaica na Europa. Essa é a posição também de outros acadêmicos, como J. Y. B. Hood[30] e até mesmo do controverso James Carroll, mencionado no início deste capítulo.

Acredito que o caso de Agostinho seja bastante emblemático sobre as relações entre o cristianismo e o antissemitismo, pois demonstra a complexidade do impacto que determinadas crenças teológicas podem ter na sociedade. Do mesmo modo que a fé cristã deu margem para a perseguição e o racismo contra os judeus, também forneceu recursos para que sua segurança e proteção fossem garantidas, pelo menos por algum tempo e em contextos específicos. Exemplos e situações semelhantes também podem ser encontrados na história do islã. No caso do cristianismo, mais exemplos como esses são observados durante o Holocausto, como veremos no próximo capítulo.

---

[29] Paula Fredriksen, *Augustine and the Jews: A Christian Defense of Jews and Judaism* (New Haven: Yale University Press, 2010).
[30] John Young B. Hood II, *Aquinas and the Jews* (Lawrence: University of Kansas, 1991).

2
De Lutero a Hitler

O papel do antissemitismo cristão no Holocausto

Pois são filhos de seu pai, o diabo, e gostam de fazer
as coisas perversas que ele deseja. Ele foi assassino
desde o princípio. Sempre odiou a verdade, pois
não há verdade alguma nele. Quando ele mente, age
de acordo com seu caráter, pois é mentiroso e pai
da mentira. Portanto, quando eu digo a verdade, é
natural que não creiam em mim!

João 8.44-45

Quando nós, evangélicos, pensamos sobre a atuação cristã durante o Holocausto, uma das primeiras coisas que vêm à nossa mente é a história do teólogo luterano Dietrich Bonhoeffer e sua coragem ao desafiar os nazistas, morrendo como um verdadeiro mártir, poucos dias antes do fim da guerra. Outra imagem comum é a da holandesa Corrie ten Boom, que, juntamente com sua família, foi enviada aos campos de concentração nazistas por esconder judeus em sua casa.

Todas essas histórias, por mais importantes e verdadeiras que sejam, são apenas um fragmento de uma realidade muito mais ampla e complexa. O fato é que embora muitos cristãos, de fato, tenham feito oposição aberta ao regime totalitário nazista, pagando um alto preço por isso, a grande maioria colaborou abertamente com o Terceiro Reich. Quando Hitler chegou ao poder, em 1933, cerca de 93% da população alemã havia sido criada como cristã e ainda fazia parte de alguma igreja. Mesmo após seis anos de governo nazista, o censo de 1939 mostrou que apenas 1,5% dos alemães se identificavam como "descrentes". Assim, embora alguns líderes do partido nacional-socialista fossem hostis à fé cristã, o movimento em si evitou ao máximo antagonizar abertamente com as igrejas católicas e evangélicas, financiando-as até o fim, em 1945.

Nesse aspecto, o historiador Robert Michael, em seu livro *Holy Hatred*,[1] afirma que não é possível determinar de modo preciso qual foi a influência do cristianismo no Holocausto. Sem dúvida, não foram as igrejas que perpetraram a "solução final", um eufemismo para designar o extermínio em massa dos judeus. Porém, dois milênios de ideias e preconceitos e seu impacto no comportamento dos cristãos provavelmente foram a base principal do antissemitismo moderno e, consequentemente, do genocídio de 6 milhões de judeus. Essa percepção também é partilhada por vários outros acadêmicos. Como afirma Amy Jill-Levine, judia e professora de Estudos do Novo Testamento, embora a estrada para Auschwitz não comece com o evangelho, interpretações do evangelho contribuíram para a formação daquela estrutura. Portanto, o *Shoah* (palavra hebraica para o Holocausto e que significa "destruição") não deve ser ensinado como se o cristianismo e a interpretação cristã de textos bíblicos não tivessem desempenhado um papel importante nesse desastre.[2]

[1] Robert Michael, *Holy Hatred: Christianity, Antisemitism, and the Holocaust* (Londres: Palgrave Macmillan, 2006).
[2] Amy Jill-Levine, "Preaching and Teaching the Pharisees", in: Joseph Sievers e Amy-Jill Levine (eds.), *The Pharisees* (Grand Rapids: Eerdmans, 2021).

DE LUTERO A HITLER

A afirmação de que o genocídio nazista não teria acontecido sem a contribuição ideológica do cristianismo é verdadeira e atribui corretamente certa dose de responsabilidade à fé cristã. Por outro lado, não podemos dizer que apenas o cristianismo explica o Holocausto — isso seria um reducionismo, pois deixaria de considerar outros fatores que levaram a esse genocídio, como o nacionalismo, o anticomunismo, o antagonismo de classe, entre outros.[3] O filósofo John K. Roth, especialista em moral, ética e Holocausto, concorda com essa visão. Segundo o autor, não deve haver dúvidas de que os elementos antijudaicos da fé cristã proporcionaram o contexto essencial, bem como a preparação e motivação para que os nazistas executassem a "solução final" para a "questão judaica", como eles afirmavam.[4]

Nesse sentido, é imprescindível considerar o que Raul Hilberg tem a dizer sobre o tema em sua obra *A destruição dos judeus europeus*,[5] livro considerado o pioneiro da disciplina acadêmica de Estudos do Holocausto. De acordo com Hilberg, a destruição dos judeus europeus entre 1933 e 1945 é um evento sem precedentes na história humana no que diz respeito a sua dimensão e configuração; porém, muito do que aconteceu durante esses doze anos já havia acontecido antes: o genocídio impetrado pelos nazistas foi o ápice de uma tendência cíclica de antissemitismo.

[3] Stephen R. Haynes, "Christianity", in: Peter Hayes e John K. Roth (eds.), *The Oxford Handbook of Holocaust Studies* (Oxford: Oxford Academic, 2011).
[4] John K. Roth, "What Does the Holocaust Have to do with Christianity?", in: Carol Rittner, *The Holocaust and the Christian World: Reflections on the Past, Challenges for the Future* (Londres: Kuperard, 2000).
[5] Raul Hilberg, *A destruição dos judeus europeus* (São Paulo: Amarilys, 2016).

Isso pode ser observado nos objetivos antijudaicos dos três "administradores" sucessivos que controlaram a Europa. Primeiro, os missionários cristãos deixaram claro que os judeus não tinham o direito de viver entre eles enquanto judeus. Essa mesma premissa também foi defendida por uma série de governantes seculares que vieram em seguida. Por fim, os nazistas deixaram claro que os judeus não tinham o direito de viver. Esses objetivos progressivos em escala de gravidade levaram a um crescimento significativo do pensamento e da ação antissemita.

O processo começou com as tentativas de conversão forçada dos judeus ao cristianismo, principalmente durante as Cruzadas e a Inquisição, levando ao exílio e à morte de uma grande quantidade de judeus ao exílio. Os nazistas alemães, portanto, não desprezaram o passado, muito pelo contrário; deram prosseguimento a ele. É possível encontrar na história do antissemitismo muitas das ferramentas administrativas e psicológicas utilizadas pelos nazistas para implementar seu processo de destruição.

Talvez, para muitos cristãos, todas essas informações sejam perturbadoras. Nossa primeira reação é negar que as pessoas que cometeram essas atrocidades contra os judeus ao longo da história eram realmente cristãs. Consigo entender essa reação, pois eu mesmo já me senti assim quando tomei conhecimento do triste histórico de antissemitismo cristão que descrevo neste livro. Porém, antes de chegarmos a essa conclusão, é preciso reconhecer que, do ponto de vista teológico, infelizmente é totalmente possível que cristãos genuínos cometam atrocidades. Afinal, mesmo após a regeneração, ainda permanecemos pecadores, visto que o processo de santificação é algo progressivo. A própria Bíblia descreve graves pecados que foram cometidos por homens de Deus, como o rei Davi, que, além do adultério com Bate-Seba, ainda planejou o assassinato do marido dela, Urias (2Sm 11).

Logo, precisamos de humildade ao lidar com esses capítulos trágicos da história da igreja. Eles devem nos levar a refletir sobre nossas próprias falhas e pecados, bem como considerar nossos pontos cegos em relação a questões contemporâneas. Nesse aspecto, não podemos também cair no erro do anacronismo, seja para justificar os atos de figuras históricas do passado, seja para "cancelá-las", termo comum hoje nas redes sociais para promover um boicote contra alguma figura pública por alguma declaração ou atitude infeliz. Muito pelo contrário. Precisamos compreender o contexto histórico para entender o que levou tantos cristãos a adotar uma postura tão contrária aos judeus e também para evitar que nós mesmos cometamos erros semelhantes, em relação ao antissemitismo e também a outros assuntos.

É importante atentarmos para as semelhanças ressaltadas por Hilberg entre as práticas nazistas e seus antecedentes na história do cristianismo. Como afirma o autor, na tentativa de convertê-los, a Igreja Católica adotou diversas medidas contra os judeus, a fim de supostamente proteger a comunidade cristã de ensinos judaicos. Isso ficou ainda mais evidente depois do século 5, quando o cristianismo se tornou a religião oficial do império romano. Por meio do direito canônico, várias práticas antijudaicas foram institucionalizadas, muitas das quais seriam imitadas pelos nazistas. Dentre elas, a proibição de casamentos entre judeus e cristãos, a segregação social e até mesmo a obrigação do uso de faixas nas roupas para identificar os judeus das demais pessoas.

Isso fica ainda mais evidente quando se observa as descrições do gueto de Roma, mantido pelo Estado Papal até a ocupação da cidade pelo Exército Real Italiano, em 1870. Os judeus eram proibidos de se estabelecerem fora dos limites do gueto, a menos que tivessem autorização oficial do papa. Além disso, não tinham acesso à educação e não podiam exercer diversas profissões. A própria Igreja Católica reconhece hoje que erros foram cometidos contra os judeus em nome da fé cristã. Infelizmente, porém, isso não foi algo exclusivo dos católicos. A aversão aos judeus também foi uma característica presente na Reforma Protestante, sobretudo com Martinho Lutero.

Sobre os judeus e suas mentiras

O proeminente historiador britânico Martin Gilbert inicia o seu clássico *O Holocausto*[6] afirmando, já no primeiro parágrafo, que durante séculos a Europa cristã tratou os judeus como os assassinos de Cristo, ou seja, um inimigo, mas também uma ameaça. Logo, esses supostos assassinos deveriam ser convertidos e assim "salvos" — ou exilados e mortos. Tudo isso se parece muito com o tratamento dispensado pelo Estado Islâmico aos cristãos e yazidis no Iraque, entre 2014 e 2017, mas foram práticas sugeridas por Lutero, em 1543.

Como destaca Gilbert, a postura de Lutero era típica de sua época, já que as expulsões em massa eram um fenômeno normal na Idade Média; os judeus haviam sido forçados a sair de praticamente todos os países europeus, incluindo Inglaterra,

---

[6]Martin Gilbert, *O Holocausto: História dos judeus na Europa na Segunda Guerra Mundial* (São Paulo: Hucitec, 2010).

França, Espanha, Portugal e a Boêmia. Essa opressão continuaria até o século 19, quando os judeus obtiveram algum tipo de participação na vida nacional. Contudo, não se passou uma década sequer sem que fossem acusados, em diferentes países europeus, de assassinar crianças cristãs a fim de usar o sangue delas na fabricação dos pães sem fermento para a celebração da Páscoa. Esse libelo de sangue, como ficou conhecido, foi responsável por várias ondas de violência em toda a Europa e também no Oriente Médio, onde muitos muçulmanos acabaram adotando estereótipos cristãos antissemitas.

O próprio Gilbert discorre sobre isso em outro livro, *In Ishmael's House*,[7] no qual aborda como os judeus foram rechaçados dos países de maioria muçulmana após a criação do Estado de Israel, em 1948. Gilbert ressalta que, durante a Idade Média, os judeus geralmente viam com bons olhos as conquistas islâmicas, como uma alternativa à perseguição cristã. De fato, nos territórios muçulmanos, os judeus receberam a proteção que tanto buscavam. Isso foi verdade principalmente na Espanha, no século 8.

O importante historiador do Oriente Médio, Bernard Lewis, afirma que, entre os muçulmanos, os judeus sempre sofreram discriminação, mas raramente perseguição sistemática.[8] Em países de maioria islâmica, a situação dos judeus nunca foi tão ruim quanto na cristandade em sua pior forma, mas também nunca tão boa quanto na cristandade em seu melhor momento. Nos domínios islâmicos nunca houve algo

---

[7] Martin Gilbert, *In Ishmael's House: A History of Jews in Muslim Lands* (New Haven: Yale University Press, 2011).
[8] Bernard Lewis, *Semites and Anti-Semites: An Inquiry into Conflict and Prejudice* (Nova York: W. W. Norton & Company, 1999).

semelhante à expulsão e à Inquisição espanhola, nem *pogroms* como na Rússia, e nada parecido com o Holocausto nazista. Do mesmo modo, porém, nada se compara à emancipação que os judeus receberam no Ocidente nos últimos três séculos. Uma situação que mudaria depois da criação de Israel, no fim da década de 1940. Atualmente, apesar do crescimento do antissemitismo em vários países ocidentais, é o Irã, uma teocracia islâmica, o Estado que mais promove o antissemitismo e, além de ser uma ameaça à própria existência de Israel, tem capacidade de realizar algo em escala semelhante ao Holocausto.

Isso, porém, não muda o passado. As ideias nocivas contra os judeus já se faziam presentes na Europa muito antes da ascensão do nazismo, embutidas nas obras teológicas que acusavam os judeus de serem um povo pérfido e responsável pela morte de Jesus.[9] Logo, era de se esperar que os judeus fossem perseguidos, inclusive sendo forçados a viver em guetos e a usar uma insígnia para que fossem facilmente identificados. Nesse sentido, muitos historiadores e especialistas, entre eles Gilbert, mencionam o impacto negativo da obra publicada por Martinho Lutero em 1543, intitulada *Sobre os judeus e suas mentiras*. Esse livro foi amplamente usado pelos nazistas para justificar o ódio aos judeus, uma vez que Lutero advoga abertamente pela destruição de sinagogas e pela expulsão dos judeus.

Eu pude ter um pequeno vislumbre desse contexto antijudaico da Europa cristã de Lutero ao visitar recentemente Wittenberg, cidade natal do reformador alemão. Fiquei chocado ao ver, do lado de fora da Igreja de Santa Maria, na qual o reformador pregou durante grande parte de sua vida, uma

---

[9]Laurence Rees, *O Holocausto: Uma nova história* (São Paulo: Vestígio, 2018).

DE LUTERO A HITLER

escultura horrível retratando alguns judeus sendo amamentados por uma porca e um rabino olhando para o ânus do animal, o chamado *judensau*.[10]

A escultura na igreja é tão chocante que, em 2020, houve uma discussão na justiça alemã devido aos pedidos de organizações judaicas para que ela fosse retirada e colocada em um museu. O governo, porém, recusou a petição, afirmando que é importante relembrar esse episódio trágico da história da Alemanha.[11] No local há também um memorial do Holocausto, o que, na visão das autoridades, já é suficiente para educar as pessoas sobre o antissemitismo. De fato, esse é um grande dilema, e há discussões semelhantes no país em relação a vários outros monumentos da época do nazismo — confesso que não tenho opinião formada a respeito. Mesmo entendendo o contexto antijudaico da Idade Média, foi chocante para mim pensar que cristãos, inclusive o grande herói da Reforma, eram capazes de cultuar a Deus naquele local sem se incomodar com uma imagem tão abjeta. Acredito que nenhum cristão deveria ser favorável a uma forma tão grotesca de retratar qualquer ser humano, independentemente de sua fé ou cultura.

Falar sobre o antissemitismo de Lutero é algo que ainda gera discussões, sobretudo entre os cristãos. Muitos tentam minimizar a retórica do reformador, afirmando que ele era

---

[10] O termo significa "porca judia" e foi usado para descrever uma série de esculturas semelhantes na Alemanha. Estima-se que a escultura esteja na fachada da Igreja de Santa Maria desde 1280.

[11] DW, "Justiça alemã decide que arte antissemita pode permanecer em igreja", *Deutsche Welle*, 4 de fevereiro de 2020, <https://www.dw.com/pt-br/justi%C3%A7a-alem%C3%A3-decide-que-arte-antissemita-pode-permanecer-em-igreja/a-52256964>.

apenas antijudaico (isto é, contrário apenas à religião), como se isso já não fosse ruim o bastante. Essa, porém, é uma distinção que não se sustenta, pois, como já abordamos na Introdução, os judeus são um povo étnico-religioso. Embora possa haver distinções entre o antissemitismo e o antijudaísmo, existe uma semelhança entre os dois preconceitos, de modo que eles se retroalimentam.[12] Nesse sentido, as tentativas de fazer distinção entre eles, utilizando termos diferentes, pode gerar a ilusão de que a igreja não participou do antissemitismo nazista, por exemplo, o que não é verdade. Embora a noção de raça que viria a ser defendida pelos nazistas ainda não fosse conhecida na época de Lutero, é possível encontrar em seus escritos muito mais do que uma simples judeofobia religiosa. Ele reproduz uma série de estereótipos negativos contra os judeus como povo, e seu ódio possui elementos que não podem ser considerados simplesmente teológicos ou religiosos.[13] O reformador fazia menções diretas à qualidade supostamente inferior do sangue dos judeus, por exemplo. Além disso, ele também adotava vários estereótipos comuns ao antissemitismo pré-moderno, como as acusações de que os judeus eram assassinos e que envenenavam poços, causando assim grandes surtos de doenças pela Europa.[14] Todas essas crenças se baseavam na ideia de que essa espécie humana possuía uma natureza

---

[12] Willibaldo Ruppenthal, *A Igreja apoiou Hitler?* (Rio de Janeiro: Thomas Nelson, 2024), p. 32.

[13] Thomas Kaufmann, *Luther's Jews: A Journey into Anti-Semitism* (Oxford: Oxford University Press, 2016).

[14] Mesmo após a expulsão dos judeus de Wittenberg, em 1304, ainda existia no centro da cidade uma "rua dos judeus". Lutero, meses antes de morrer, ao passar pelo local, ficou apavorado e afirmou à sua esposa que o hálito dos judeus o havia contaminado, fazendo-o adoecer.

distinta. Nesse sentido, Lutero adotou o antissemitismo de sua época e ajudou a propagá-lo.

Como afirma Lyndal Roper, biógrafa de Lutero, o "cruel antissemitismo" do reformador é um dos aspectos mais complexos da vida desse antigo monge agostiniano, uma vez que muitos dos estudiosos do Holocausto têm dificuldade em reconhecer e aceitar a extensão e as características da aversão que Lutero nutria pelos judeus.[15] Isso se dá pelo fato de que Lutero nem sempre foi tão hostil. Em 1523, ele publicou o sermão *Que Jesus Cristo nasceu judeu*. Nesse panfleto, Lutero reconhecia que os cristãos haviam tratado mal os judeus ao longo da história, como se eles não fossem seres humanos. Apesar da aparente benevolência — bastante elevada, aliás, para os padrões da época —, Lutero condicionava seu respeito pelos judeus à conversão deles ao cristianismo, ou seja, os judeus deveriam ser respeitados não com base em sua dignidade humana, mas somente se abandonassem sua religião. Também é possível identificar uma postura antissemita não apenas nas obras finais de Lutero, mas ao longo de toda a sua vida. Era comum que sua leitura do Antigo Testamento, à luz do Novo, transformasse passagens que falavam sobre a perseguição aos judeus em um texto acerca da perseguição *empreendida* por eles, um tipo de exegese presente em seus sermões nos Salmos pregados entre 1513 e 1515. Na obra *Contra os sabatistas*, de 1538, ele chega a inferir que os judeus vinham sendo punidos por Deus há 1.500 anos, desde a destruição do templo em Jerusalém, uma vez que não reconheceram Jesus como Messias.

[15] Lyndal Roper, *Martinho Lutero: Renegado e profeta* (São Paulo: Objetiva, 2020), p. 537.

O antissemitismo de Lutero atingiu seu ápice com a publicação do tratado *Sobre os judeus e suas mentiras*, em 1543. Nesse livro, o reformador afirma que os judeus são filhos do diabo e os acusa de serem arrogantes por natureza. Além disso, ele profere vários insultos contra os judeus, chamando-os de meretrizes da pior espécie por terem rejeitado os profetas e também afirma que eles interpretam a Bíblia olhando para o ânus de uma porca (uma clara alusão ao *judensau*). Para piorar, exorta as autoridades civis da época a queimar todas as sinagogas e escolas judaicas, afirmando que os judeus deveriam ser proibidos de andar nas ruas e que deveriam ter suas casas destruídas, bem como o Talmude e seus demais livros de oração. Ou seja, Lutero propunha um programa de erradicação cultural completa — uma violência considerada excessiva até mesmo por seus contemporâneos.[16]

Após perder a esperança de converter os judeus, já no fim de sua vida Lutero implorou aos príncipes alemães que seguissem uma política cruel, uma sugestão que seria seguida à risca cerca de quatrocentos anos depois por meio de um "príncipe" moderno chamado Adolf Hitler. Cerca de quatro séculos separam Lutero de Hitler e, mesmo assim, é possível encontrar pontos de convergência sobre o que esses dois personagens pensavam do povo judeu. Ambos defenderam a destruição da cultura religiosa judaica, a suspensão de seus direitos legais, a expropriação, o trabalho forçado e a expulsão dos judeus. O reformador não defendia abertamente o assassinato dos judeus, mas parecia considerar essa opção uma alternativa válida caso todo o resto falhasse — o que ele realmente acreditava que aconteceria. As próprias políticas sugeridas por Lutero

[16] Ibid.

às autoridades civis poderiam levar ao assassinato em massa. Ademais, ele pediu três vezes aos príncipes que matassem os judeus que resistissem.

É verdade que Lutero empregava uma retórica violenta contra todos os seus opositores, inclusive os católicos e os muçulmanos. No caso dos judeus, porém, isso era pior, pois eles eram tidos como um símbolo de tudo o que era mau, satânico e anticristão. As consequências desses ensinos foram nocivas e percebidas principalmente após a morte do reformador, com vários *pogroms* influenciados por suas obras e, posteriormente, com a ascensão do nazismo.[17]

Os filhos do diabo e um jornal

As ideias de Lutero sobre os judeus e o judaísmo serviram de base para o sentimento antijudaico de muitos alemães, que eram atraídos pelas visões do reformador de que os valores germânicos e cristãos eram superiores a outras culturas e religiões. O próprio Adolf Hitler, embora católico, admirava Lutero e conhecia bem o seu antissemitismo, um conhecimento que também era compartilhado por outros mentores intelectuais do Holocausto.[18]

Isso ficou evidente no julgamento de Julius Streicher, no Tribunal Militar Internacional de Nuremberg, em 1946. Ele foi o editor do popular jornal *Der Stürmer* que, entre 1923 e 1945, semanalmente espalhava estereótipos antissemitas. De acordo com o Tribunal, em 1935, o número de leitores do *Stürmer* chegou a 600 mil e, por isso, a condenação de Streicher foi

[17] Michael, *Holy Hatred*, p. 119.
[18] Ibid.

formulada com base na tese de ele ter sido um dos arquitetos intelectuais do antissemitismo da Alemanha nazista, já que influenciou centenas de milhares de pessoas com aquilo que publicava. Sua influência foi tanta que Primo Levi, sobrevivente de Auschwitz, escreveu que uma das maiores dificuldades em escapar de um campo de concentração era justamente o fato de que a maioria das pessoas, incluindo a população vizinha desses locais de extermínio, havia sido cooptada pelo ódio antissemita propagado por Streicher e seu jornal.[19]

Lutero foi citado diversas vezes no *Der Stürmer* durante o período em que os nazistas estiveram no poder (entre 1933 e 1945). A maioria das citações eram trechos extraídos do infame *Sobre os judeus e suas mentiras*. Não é à toa que, ao ser questionado pelo Tribunal de Nuremberg, Streicher afirmou que, caso estivesse vivo, o reformador protestante estaria sentado ao lado dele, e chegou até mesmo a sugerir a seus acusadores que lessem o *Sobre os judeus e suas mentiras*. O nazista também tentou se defender das acusações de antissemitismo afirmando que, em seu jornal, não fez nada mais do que citar aquilo que a própria Bíblia afirmava sobre os judeus. Em outra ocasião, quando questionado sobre um editorial no qual afirmava que o objetivo do *Der Stürmer* era "esmagar a cabeça da serpente de Pan-Judá", Streicher afirmou que essa era uma expressão bíblica.

O Tribunal Militar Internacional foi uma ação conjunta dos países aliados após o fim da Segunda Guerra Mundial, em 1945, a fim de punir os nazistas por crimes de guerra, crimes contra a paz e crimes contra a humanidade. A comissão de

---

[19] Primo Levi, *Os afogados e os sobreviventes: Os delitos, os castigos, as penas, as impunidades* (São Paulo: Paz e Terra, 2004).

juízes e promotores era, portanto, composta por representantes dos Estados Unidos, da Grã-Betanha, da União Soviética e da França. Atualmente, o lugar onde o julgamento aconteceu funciona como um museu. Ali, os visitantes podem ver de perto o local onde 24 altos oficiais nazistas foram julgados, em uma das primeiras experiências humanas de tradução simultânea. O julgamento aconteceu em inglês, alemão, francês e russo e foi transmitido para o mundo todo. Fazer um tour pelo museu foi uma experiência interessante, pois me senti quase como uma testemunha ocular daquele evento histórico. Ao entrar na sala onde os nazistas foram julgados — a qual ainda hoje funciona como um tribunal —, eu só conseguia imaginar uma cena: Streicher sendo julgado e, ao lado dele, Martinho Lutero com uma Bíblia em uma das mãos e seu livro infame na outra. Uma das provas que o tribunal usou contra Streicher foi um artigo de 25 de dezembro de 1941 do *Der Stürmer*, no qual o acusado afirmava: "Só há uma maneira de pôr um fim à reprodução daquela maldição de Deus no sangue judaico: a exterminação desse povo cujo pai é o diabo". Uma referência ao texto bíblico de João 8.44-45, que, segundo Lutero, significava que Jesus considerava todos os judeus descendentes do próprio Satanás.

Após Streicher recorrer a citações de Lutero por várias vezes durante seu interrogatório, o promotor-chefe dos Estados Unidos, Robert Jackson, afirmou que o réu deveria se ater às questões que estavam sendo tratadas ali, dando a entender que as referências ao reformador não estavam associadas ao antissemitismo que ocasionou o Holocausto. Contudo, o magistrado deveria ter levado isso mais a sério, já que, mais à frente no interrogatório, ele mesmo expressaria preocupação acerca de dois livros infantis publicados por uma editora gerenciada pelo nazista: *Não confie em nenhuma raposa no campo* e *O cogumelo venenoso*. Streicher fez questão de ressaltar que o título do primeiro livro foi retirado de uma obra de Lutero, citada por ele em um artigo de março de 1925 no *Der Stürmer*.[20]

Durante o julgamento, Streicher nunca demonstrou remorso por seus atos e seu antissemitismo, pois tinha a plena convicção de que era seu dever liderar uma campanha contra os judeus. Para o editor do *Der Stürmer* as evidências eram claras: havia uma conspiração judaica em curso contra a Alemanha, e esse complô precisava ser combatido. O nazista se via não apenas como um patriota, mas também como um defensor do cristianismo, e fazia referência aos ensinos cristãos para promover ideias antijudaicas, apesar de seu relacionamento complicado com o clero alemão.[21] Streicher acusava tanto católicos quanto protestantes de serem lenientes demais com os judeus ao acharem que seria possível convertê-los e até batizá-los. Nisso, ele se diferenciava de Lutero, uma vez que o reformador chegou a nutrir esperança de que os judeus pudessem se voltar a Cristo.

O cristianismo pregado pelo *Der Stürmer* não via todos os seres humanos como iguais e era totalmente compatível com o racismo nazista. O jornal retratava a luta contra os judeus usando uma terminologia bíblica. Desse modo, ser um verdadeiro seguidor de Cristo, na visão do semanário, seria se opor ao diabo e a seus filhos. Isso fica claro em uma ilustração

---

[20]Michael Lackey, "Conceptualizing Christianity and Christian Nazis after the Nuremberg Trials", *Cultural Critique*, nº 84, primavera de 2013, p. 101-33.

[21]David I. Kertzer e Gunnar Mokosch, "In the Name of the Cross: Christianity and Anti-Semitic Propaganda in Nazi Germany and Fascist Italy", *Comparative Studies in Society and History* 62.3 (2020), p. 456-86.

publicada na edição especial da Páscoa de 1933, quando o jornal celebrou a ascensão de Hitler ao poder. Na figura, observa-se um homem com uniforme da SS, a tropa de choque nazista, juntamente com sua esposa, olhando para Cristo crucificado com a suástica ao fundo. Na legenda, o seguinte texto: "Os judeus prenderam Cristo na cruz e pensaram que ele estava morto. Ele ressuscitou. Eles prenderam a Alemanha na cruz e pensaram que ela estava morta, mas ela ressuscitou e está mais gloriosa do que jamais foi".[22]

Mesmo com pouco conhecimento de alemão, decidi investigar o máximo que pude sobre o *Der Stürmer*, indo atrás das próprias fontes primárias. Porém, quando comecei a pesquisa, logo percebi que um dos maiores desafios em consultar materiais relacionados ao Holocausto não são as barreiras linguísticas, mas sim o acesso às fontes. Como destaca a IHRA (International Holocaust Remembrance Alliance), durante décadas a documentação sobre o Holocausto esteve espalhada pelo mundo e inacessível ao público. Atualmente, isso está mudando aos poucos, muito por causa da atuação do Yad Vashem, que busca reunir e catalogar o máximo possível de provas sobre o Holocausto. Contudo, quando se trata das publicações de Streicher, nem mesmo nesse museu israelense eu pude encontrar tudo o que precisava. Hoje, o principal repositório do jornal é o German Propaganda Archive, da Calvin University.[23] Esse acervo é organizado pelo professor Randall Bytwerk, autor da biografia de Julius Streicher — o

[22] Ibid.

[23] Calvin University, "Nazi Propaganda: 1933-1945", *German Propaganda Archive*, <https://research.calvin.edu/german-propaganda-archive/ww2era.htm>.

JESUS, UM JUDEU

único livro em inglês que encontrei sobre o nazista e seu jornal.[24] Apesar de o acervo de Bytwerk ser bastante amplo, contém apenas alguns fascículos do *Der Stürmer* e, mesmo assim, apenas em inglês, sem os originais em alemão. A razão para isso é facilitar o trabalho de pesquisadores, mas também não oferecer munição aos neonazistas.

Porém, não me dei por satisfeito e, além de consultar os arquivos virtuais dos museus do Holocausto de Washington e de Los Angeles, também fui à Alemanha. Lá fiz pesquisa no museu na Mansão Wannsee, em Berlim — justamente o local onde a alta cúpula nazista decidiu adotar a "solução final", em 1942, e que se transformou em um museu e centro de estudos sobre o antissemitismo — e na biblioteca do Institut für Zeitgeschichte, em Munique. Este é um dos principais centros de pesquisa histórica da Europa e, mesmo lá, apesar de toda a gentileza e presteza dos funcionários, também encontrei dificuldades para acessar os arquivos do *Der Stürmer*, já que eles se encontram digitalizados apenas em microfilmes e alguns haviam sido danificados. Fora isso, pude ver um exemplar original exposto no museu do campo de concentração de Sachsenhausen, nos arredores de Berlim, e tive acesso a fotos de alguns outros em um site americano que vende artefatos nazistas, e edições digitais completas na biblioteca Archive.com. Minha conclusão após toda essa pesquisa? Para minha triste surpresa, a instrumentalização da Bíblia pelos nazistas e o impacto negativo da obra antissemita de Lutero foram maiores do que eu imaginava.

---

[24]Randall L. Bytwerk, *Julius Streicher: Nazi Editor of the Notorious Anti-semitic Newspaper Der Stürmer* (Nova York: Cooper Square Press, 2001).

DE LUTERO A HITLER

Em uma edição de maio de 1934, sobre o libelo de sangue, após citar trechos do livro *Sobre os judeus e suas mentiras*, um texto publicado no jornal diz o seguinte: "Jesus Cristo, o poderoso pregador de Nazaré, falou aos judeus 'Vós sois do vosso pai, o diabo, e as lascívias do vosso pai fazeis. Ele era assassino desde o início'". Novamente, uma menção ao texto de João 8, algo que se repete em vários outros artigos. O jornal que vi exposto em Sachsenhausen, por exemplo, é uma edição especial do ano seguinte, 1935, em virtude da convenção partidária do Terceiro Reich. A imagem de capa mostra um judeu cercado por cruzes e forcas, bem como por pirâmides do Egito e outras edificações antigas. Na legenda, a frase: "Assassinos desde o início: o bolchevismo mundial judaico de Moisés ao Comintern".[25] Há, contudo, citações diretas ainda mais completas dos textos bíblicos. Em 1924, Streicher incluiu uma página na edição de agosto intitulada "O que Cristo diz". Nessa seção de destaque, o editor do jornal escreve: "Jesus Cristo lutou uma longa batalha contra o 'sepulcro caiado', contra os 'filhos do diabo' e contra os 'fariseus'. Ele lutou contra o mesmo povo judeu contra o qual estamos em uma batalha hoje". Em seguida, cita várias falas de Jesus retiradas dos Evangelhos.[26]

[25] Também conhecido como a Internacional Comunista foi uma organização fundada em 1919 para agregar todos os partidos comunistas do mundo.

[26] A instrumentalização da Bíblia também pode ser observada, ainda que em menor medida, na propaganda fascista italiana durante o Holocausto. A fim de colocar os italianos contra a população judaica da Itália, o governo de Benito Mussolini lançou em agosto de 1938 a revista *La difesa della razza* [A Defesa da Raça], que circulou até julho de 1943, quando Mussolini foi deposto. A revista tinha duas edições mensais enviadas para escolas e universidades de todo o país. Os artigos publicados no periódico difundiam teorias antissemitas comuns na época, segundo as quais existia uma raça italiana pura que contrastava com os judeus, considerados uma raça inferior. Diferentemente

JESUS, UM JUDEU

Em um artigo publicado em julho de 1933, pouco tempo após Hitler assumir o poder, o *Der Stürmer* utiliza versículos de Deuteronômio 6—7 para justificar a suposta autenticidade de *Os protocolos dos sábios de Sião*, um antigo livro antissemita. No mesmo texto, antes de citar o conhecido trecho de João 8, o jornal afirma:

> Jesus Cristo foi um grande herói espiritual. Ele lutou contra os judeus durante toda a sua vida. Ele proferiu o julgamento mais severo já feito contra este povo. Os judeus traíram Cristo. Eles cometeram assassinato ritual no Gólgota. Mas o cristianismo evoluiu e, se o judeu Paulo não o tivesse distorcido e falsificado, ele seria hoje o maior movimento antissemita do mundo.

Em outro artigo, de agosto de 1935, contra o batismo de judeus convertidos ao cristianismo, novamente há uma citação direta da passagem do Evangelho de João seguida por vários trechos de *Sobre os judeus e suas mentiras*. Nessa edição,

de outros países europeus, no entanto, na Itália, o surgimento do nacionalismo não foi acompanhado do antissemitismo — a principal fonte histórica do ódio contra os judeus era, na verdade, a Igreja Católica, com seu clássico antijudaísmo cristão. Assim, para justificar seu viés racista, a propaganda fascista passou a recorrer a uma série de argumentos cristãos.

A edição de 5 de julho de 1941, por exemplo, publicou um texto intitulado *San Paolo e i giudei* [São Paulo e os judeus] que reproduz o relato de Atos 9 sobre a conversão de Paulo na estrada para Damasco. Na sequência, o texto recorre a outras passagens de Atos a fim de retratar o apóstolo como um inimigo do povo judeu com o objetivo de incitar os leitores a agir como Paulo antes de sua conversão. Obviamente, o artigo não condiz com os outros textos do Novo Testamento acerca de Paulo, uma vez que ele jamais abandonou a sua identidade judaica. Aliás, em sua carta aos Romanos, o próprio Paulo afirma que o povo judeu ainda era amado por Deus, "pois as bênçãos de Deus e o seu chamado jamais podem ser anulados" (Rm 11.29).

uma foto da capa do livro de Lutero ocupa quase uma página inteira do jornal. Já um exemplar de outubro de 1936 traz uma charge na capa com a caricatura de um judeu escondido atrás do Antigo Testamento sendo observado por duas crianças alemãs que dizem: "A juventude alemã não entende o espírito que emana desse livro".

Um texto publicado por Streicher, em 1940, afirma que Lutero, ao fim de sua vida e após ter conhecido melhor os judeus, teria até mesmo se arrependido de haver traduzido o Antigo Testamento.[27] Porém, tal ressentimento não era necessário, pois a Bíblia hebraica seria um registro útil dos crimes cometidos pelos judeus ao longo da história e, se bem utilizada, poderia ajudar na concretização do objetivo final do reformador quanto ao extermínio dos judeus. Assim, fica claro que, para Streicher, o maior antissemita da história não foi Lutero, mas, sim, o próprio Jesus Cristo. Assim, ser cristão era sinônimo de ser antissemita. Isso deveria ficar claro para todos os alemães, independentemente de sua faixa etária.

A editora responsável pelo *Der Stürmer* também investiu na publicação de livros infantis. Na biblioteca do centro de pesquisa em Munique tive acesso a cópias originais das duas obras mencionadas no Tribunal de Nurenberg, e fiquei impressionado com o nível de doutrinação e ódio contra os judeus ensinado a crianças. *Não confie em nenhuma raposa no campo*, de Elvira Bauer, afirma que Deus criou todos os povos, mas que os judeus eram filhos do diabo. *O cogumelo venenoso*, de Ernst Hiemer, segue essa mesma tônica. O livro possui dezessete capítulos com pequenas histórias que integram uma narrativa maior a fim de construir a ideologia nazista a partir de uma visão antissemita e, assim, doutrinar as

---

[27] Kertzer e Mokosch, "In the Name of the Cross".

crianças.[28] Um desses capítulos, intitulado "Was Christus über die Juden sägte?" [O que Cristo disse sobre os judeus?], defende que Jesus morreu por afirmar a verdade sobre seus inimigos. Por conhecê-los bem, viu sua maldade e os condenou, sendo, por essa razão, crucificado. Além de culpar os judeus pela morte de Cristo, o texto também deixa claro que ele os teria chamado de filhos do diabo. Embora não haja nenhuma citação direta ao texto bíblico nesses livros, o Evangelho de João é invocado de modo oblíquo, mas poderoso. O leitor não precisa conhecer as complexidades de João 8, tampouco os debates teológicos que ele suscita, para compreender o que os autores quiseram dizer às crianças. Um exemplo claro de manipulação do texto bíblico para fins racistas e militaristas, sendo um alerta muito atual.

O exemplo desses livros destaca o importante papel das crianças como leitoras e receptoras da Bíblia, o que pode ter grandes impactos em sua formação.[29] Faço questão de ressaltar isso por dois motivos. O primeiro é a minha experiência pessoal. Como muitos jovens adultos que nasceram na década de 1990 em lares evangélicos do Brasil, cresci ouvindo o álbum *Crianças Diante do Trono* e grande parte de minha cristologia durante a infância foi formada por meio das composições como "Quem é Jesus?". O Diante do Trono, assim como tantos

---

[28] Em Terplitz, por exemplo, uma vila na Saxônia, as crianças eram incentivadas a ler o *Der Stürmer* em vez do Antigo Testamento. Ver Susannah Heschel e Shannon Quiagley, "The fate of John's Gospel during the Third Reich", in: Kevin P. Spicer e Rebecca Carter-Chand (eds.), *Religion, Ethnonationalism, and Antisemitism in the Era of the Two World Wars*, McGill-Queen's Studies in the History of Religion, vol. 92 (Montreal: McGill-Queen's University Press, 2022).

[29] Kathleen Gallagher Elkins, "The Jews as 'Children of the Devil' (John 8:44) in Nazi Children's Literature", *Biblical Interpretation* 31.3 (2022), p. 374-90.

outros ministérios que também produzem materiais para o público infantil, conseguiu elaborar um projeto que narra todos os pontos principais da fé cristã sem, em nenhum momento, recorrer a clichês antijudaicos. Sim, um elogio como esse pode soar estranho — afinal de contas, quem hoje desejaria incutir um sentimento antissemita nas crianças brasileiras por meio de músicas cristãs aparentemente inofensivas? Infelizmente, premissas antijudaicas ainda são muito comuns no evangelicalismo brasileiro. Daí a importância de músicas para crianças como "Por que me amou tanto assim?", cuja letra ressalta corretamente a razão de Jesus ter sido crucificado: "Por que me amou tanto assim? Jesus se entregou pra morrer por mim". Isso deixa claro que a causa da morte de Jesus foi o pecado de toda a humanidade; ele não foi assassinado pelos judeus. Músicas como essas podem até parecer banais e desprovidas de sofisticação teológica, mas influenciaram diretamente a maneira como passei a enxergar os judeus e o judaísmo.

Por isso, só consigo imaginar quantas crianças cresceram doutrinadas pela propaganda do ódio nazista. E isso me leva ao segundo ponto. Atualmente, uma das principais obras utilizadas na educação de crianças e adolescentes sobre o Holocausto é o romance *O menino do pijama listrado*, de John Boyne.[30] Esse livro já vendeu mais de 7 milhões de cópias no mundo todo (há exemplares à venda até mesmo nas livrarias dos museus de Sachsenhausen e Dachau, antigos campos de concentração nazista) e foi adaptado para o cinema, em 2008. O jornal *USA Today* chegou a comparar sua importância com o relato verídico de Anne Frank: "Intenso e perturbador [...].

---

[30] John Boyne, *O menino do pijama listrado* (São Paulo: Cia. das Letras, 2012).

Pode se tornar uma introdução tão memorável ao tema como *O diário de Anne Frank* foi em sua época".

Tudo isso é bastante grave, pois esse livro possui uma série de distorções históricas, a começar pelo enredo central.[31] A amizade entre um garoto judeu em um campo de concentração com o filho de um oficial nazista alemão seria praticamente impossível, uma vez que as crianças, assim que chegavam aos campos de extermínio, eram executadas. Além disso, a obra relata o garoto alemão como alguém totalmente inocente, que não sabia nem o que era um judeu. Esse claramente não era o caso, tendo em vista toda a propaganda nazista voltada para crianças, incluindo livros infantis. A popularidade dessa obra é muito problemática, sobretudo em nossa época, marcada por crescente relativização e negacionismo do Holocausto.

O Jesus ariano

Não há nenhuma evidência de que Hitler professasse de modo genuíno a fé cristã, crendo na divindade de Jesus ou em sua ressurreição, já que ele tinha o cuidado de destacar que, historicamente, não havia um conceito uniforme de Deus. Apesar disso, o ditador fez questão de fazer referências a Jesus e ao tradicional antissemitismo cristão várias vezes. Isso fica bastante claro em sua obra *Mein Kampf* [Minha luta]. Esse livro tem um significado enorme, pois deixa explícito os elementos centrais

---

[31] Para compreender melhor as distorções da obra, ver Fabio Previdelli, "Por que *O menino do pijama listrado* não é indicado para aprender sobre o Holocausto?", *Aventuras na História*, 17 de dezembro de 2022, <https://aventurasnahistoria.uol.com.br/noticias/reportagem/problematica-por-tras-de-o-menino-do-pijama-listrado.phtml>.

DE LUTERO A HITLER

do pensamento hitlerista: a suposta ameaça representada pelos judeus, a centralidade da pureza racial, e a necessidade de a Alemanha expandir suas terras para o Leste.

Nessa obra, Hitler afirma que, ao lutar contra os judeus, estaria fazendo a vontade do próprio Deus, já que Jesus Cristo fora sacrificado por enxotá-los do templo.[32] Isso é uma referência à narrativa dos Evangelhos de quando Jesus expulsou os vendilhões do templo, usando um chicote de cordas para afugentar os comerciantes e suas mercadorias:

> O produto dessa educação religiosa — o próprio judeu — é o seu melhor expoente. Sua vida só se limita a esta terra, e seu espírito conservou-se tão estranho ao verdadeiro cristianismo quanto a sua mentalidade o foi, há dois mil anos, ao grande fundador da nova doutrina. Verdade é que este [Jesus] não ocultava seus sentimentos relativos ao povo judeu; em certa emergência pegou até no chicote para enxotar do templo de Deus este adversário de todo espírito de humanidade que, outrora, como sempre, na religião, só discernia um veículo para facilitar sua própria existência financeira. Por isso mesmo, aliás, é que Cristo foi crucificado, enquanto nosso atual cristianismo partidário se rebaixa a mendigar votos judeus nas eleições, procurando ajeitar combinações políticas com partidos de judeus ateístas e tudo isso em detrimento do próprio caráter nacional.[33]

Hitler termina *Mein Kampf* com uma dedicatória ao seu mentor, Dietrich Eckart, que em 1923 publicou um livro intitulado *Bolshevism from Moses to Lenin: A Conversation between Adolf Hitler and Myself* [O bolchevismo desde Moisés

---

[32] Esse episódio do ministério de Jesus é narrado em todos os Evangelhos: Mateus 21.12-13, Marcos 11.15-19, Lucas 19.45-46 e João 2.13-17.

[33] Adolf Hitler, *Mein Kampf*, vol. 1, cap. II (Boston: Houghton MifXin, 1971).

até Lênin: Uma conversa entre mim e Hitler]. Nele, Eckart, um dos fundadores do Partido Nazista, descreve Cristo como a epítome de toda masculinidade, aquele que teve coragem de se opor aos "filhos do diabo".

O próprio Hitler, em 1921, durante um comício do Partido Nacional-Socialista, afirmou que havia uma tentativa em curso para corromper o cristianismo. Ele também disse nessa ocasião que só conseguia enxergar Cristo como um homem loiro e de olhos azuis, enquanto o diabo ele imaginava tendo a semelhança dos judeus.[34] No ano seguinte, em 12 de abril de 1922, durante outra reunião do partido nazista, Hitler continuou a elaborar a visão de Jesus como um guerreiro em combate contra os judeus diabólicos. Novamente, fez referência a passagens sobre a purificação do templo e afirmou que havia sido terrível a luta de Jesus "pelo mundo contra o veneno judaico".[35]

Esses discursos públicos, bem como algumas conversas privadas, indicam que Hitler se inspirou muito em ideias antijudaicas disseminadas pelos cristãos. Em 1938, o *Führer* chegou a comentar com o ministro da justiça, Hans Frank: "No Evangelho, quando Pilatos se recusa a crucificar Jesus, os judeus clamam: 'Que seu sangue recaia sobre nós e sobre os filhos dos nossos filhos'. Talvez eu deva efetuar essa maldição".[36]

Tudo isso parece bastante incoerente com o fato irrefutável de que Jesus foi um homem judeu. Porém, esse incômodo

---

[34] Rainer Bucher, *Hitler's Theology: A Study in Political Religion* (Londres/Nova York: Continuum International Publishing, 2011), p. 28.

[35] Eberhard Jäckel e Axel Kuhn (eds.), *Hitler: Sämtliche Aufzeichnungen, 1905-1924* (Stuttgart: Deutsche Verlags-Anstalt, 1980), p. 623.

[36] Michael, *Holy Hatred*, p. 172.

DE LUTERO A HITLER

foi superado pelos nazistas por meio do argumento de Houston Chamberlain, autor britânico cujas obras tratam da questão da raça ariana. Segundo Chamberlain, que foi genro do compositor alemão Richard Wagner, Jesus não foi um judeu, mas, sim, alguém de ascendência ariana. Essa ideia foi expandida pelo teórico nazista Alfred Rosenberg, na obra *O mito do século 21*, na qual propõe um "cristianismo positivo", ou seja, a fundação de uma igreja livre de influências judaicas e cujo líder, Jesus, descendia de um ancestral germânico.

A historiadora Susannah Heschel descreve bem esse processo de desjudaização e germanização do cristianismo pelos nazistas em seu livro *The Aryan Jesus*.[37] Heschel demonstra os esforços do Instituto para o Estudo e Erradicação da Influência Judaica na Igreja Alemã, um grupo formado por onze igrejas protestantes em 1939 para expurgar todos os elementos judaicos do cristianismo alemão. Isso foi feito de várias maneiras, inclusive por meio da publicação, em 1941, do *Die Botschaft Gottes*, uma tradução do Novo Testamento sem nenhuma referência a elementos judaicos, como, por exemplo, as genealogias de Jesus.

Antes disso, porém, em 1934, o diretor da Escola Bíblica do Movimento Cristão Alemão em Bremen, Hans Schöttler já havia publicado a obra *Gottes Wort Deutsch* [A Palavra de Deus em alemão], que continha traduções deturpadas de trechos do Novo Testamento, incluindo do Sermão do Monte (Mt 5—7), do qual foram excluídas todas as referências ao Antigo Testamento. Anos depois, em 1937, o bispo de Bremen, dr. Heinz Weidemann, produziu também a *Das*

---

[37] Susannah Heschel, *The Aryan Jesus: Christian Theologians and the Bible in Nazi Germany* (Princeton: Princeton University Press, 2008).

Evangelium Johannes Deutsch, uma versão nazista do Evangelho de João. O texto foi escolhido por ser considerado o livro do Novo Testamento mais antijudaico, tendo em vista o duro tom de Jesus em suas interações com os fariseus e saduceus. A modificação do texto bíblico, no entanto, foi tão grande que chamou até mesmo a atenção da mídia internacional da época, sendo notícia tanto na revista *Times* como no *The Jewish Telegraph*.

O que era significativo nesses esforços de produzir versões nazistas da Bíblia não era apenas o antijudaísmo, mas também o objetivo de transformar o texto bíblico em uma obra política que fomentasse o senso nacionalista de pertencimento ao *Volk* (povo) alemão. Desse modo, Jesus era descrito, não como um judeu, mas, sim, como um ariano que veio combater o judaísmo e, por essa razão, havia sido morto pelos judeus. Logo, não havia necessidade alguma de ler a Bíblia hebraica, muito pelo contrário. Para os membros do Instituto, a identidade judaica de Jesus descrita nos Evangelhos era considerada um obstáculo que impedia que o povo alemão tivesse acesso às Escrituras. Por isso, era importante ressaltar o aspecto ariano da etnia de Jesus, bem como sua oposição frontal ao judaísmo. Nesse sentido, o único dos Evangelhos que ainda parecia se adequar um pouco aos objetivos desses teólogos nazistas era João — e apenas algumas partes dele.[38]

Nessa tentativa de argumentar que o cristianismo era compatível com o racismo nazista, percebemos mais uma

---

[38] Anders Gerdmar, "The National Socialist Bible: Die Botschaft Gottes: Theological Legitimation of Antisemitism", in: Armin Lange et al., *Confronting Antisemitism from the Perspectives of Christianity, Islam, and Judaism* (Berlim: De Gruyter, 2020).

DE LUTERO A HITLER

vez como a distinção entre um suposto antijudaísmo meramente religioso e um antissemitismo racial não se sustenta na prática. No caso da Alemanha nazista, o antijudaísmo cristão era tão difundido que até mesmo muitos dos teólogos que se opuseram politicamente a Hitler — inclusive com argumentos teológicos —, não deixaram de subscrever alguns de seus pressupostos antissemitas.[39]

Como afirma Robert P. Ericksen, um dos maiores especialistas no tema, durante o nazismo os cristãos protestantes enfrentaram um conflito interno. De um lado, havia aqueles que abraçaram entusiasticamente Hitler e seu plano de poder. Do outro, estava a Igreja Confessante, criada em 1934 em protesto à subordinação teológica da igreja alemã ao partido nazista e sua ideologia e contando com teólogos da envergadura de Karl Barth e Dietrich Bonhoeffer. Ao contrário do que muitos

[39] Em razão das grandes polêmicas e discussões acadêmicas acerca do papel da Igreja Católica durante o nazismo, sobretudo as ações do papa Pio XII, optei por abordar neste livro apenas a atuação dos cristãos protestantes. Isso se dá pelo fato de que, como afirma Kevin P. Spicer no *Oxford Handbook of Holocaust Studies*, as restrições aos arquivos do Vaticano sobre o tema têm dificultado o estudo mais objetivo das ações do Papa, ora acusado de ser conivente com os nazistas, ora retratado como vítima de uma tentativa de assassinato de reputações. Recentemente, novos arquivos vieram a público e foram analisados pelo historiador David I. Kertzer em *The Pope At War: The Secret History of Pius XII, Mussolini, and Hitler* (Nova York: Random House, 2022). A obra apresenta uma visão não muito favorável do pontífice, afirmando que parte do seu receio em condenar Hitler era o temor de que isso colocasse os católicos em risco, bem como o fato de que muitos católicos, assim como os protestantes, também eram simpatizantes da ideologia nazista. Uma vez que este ainda é um debate historiográfico em andamento, preferi me concentrar apenas na atuação da igreja protestante, tema acerca do qual há maior consenso entre os acadêmicos consultados durante a pesquisa para este livro.

pensam, a Igreja Confessante não se opunha a todos os pontos do programa de governo nazista. O grande ponto de inflexão foi o chamado "parágrafo ariano" do novo código civil adotado em 1933, que proibia o batismo de judeus, bem como a membresia e o exercício de atividades eclesiásticas por parte de membros de origem judaica, além de, no âmbito civil, proibir que judeus exercessem cargos públicos. A homologação desse parágrafo fez com que Martin Niemöller, até então um entusiasta das políticas nazistas, passasse a fazer oposição a Hitler, uma vez que o parágrafo ariano contrariava suas convicções teológicas sobre a ordenação clerical e a eficácia do sacramento do batismo.[40]

Essa posição condescendente da Igreja Confessante fica explícita em sua famosa Declaração Teológica de Barmen. Nesse documento, não há nenhuma crítica ao antissemitismo de Hitler, tampouco a seu nacionalismo exacerbado. O mais próximo de alguma manifestação política é seu parágrafo quinto, um trecho que condena a intervenção do Estado em assuntos que deveriam ser de domínio apenas da Igreja:

> A Escritura nos diz que o Estado tem o dever, conforme ordem divina, de zelar pela justiça e pela paz no mundo ainda não redimido, no qual também vive a Igreja, segundo o padrão de julgamento e capacidade humana com emprego da intimidação e exercício da força. A Igreja reconhece o benefício dessa ordem divina com gratidão e reverência a Deus. Lembra a existência do Reino de Deus, dos mandamentos e da justiça divina, chamando, dessa forma, a atenção para a responsabilidade de governantes e governados.

[40]Robert P. Ericksen, "Protestants", in: Peter Hayes e John K. Roth (eds.), *Oxford Handbook of Holocaust Studies* (Oxford: Oxford University Press, 2010), p. 250-64.

DE LUTERO A HITLER

Ela confia no poder da Palavra e lhe presta obediência, mediante a qual Deus sustenta todas as coisas. Rejeitamos a falsa doutrina de que o Estado poderia ultrapassar a sua missão específica, tornando-se uma diretriz única e totalitária da existência humana, podendo também cumprir desse modo a missão confiada à Igreja. Rejeitamos a falsa doutrina de que a Igreja poderia e deveria, ultrapassando a sua missão específica, apropriar-se das características, dos deveres e das dignidades estatais, tornando-se assim, ela mesma, um órgão do Estado.[41]

Mais tarde, o próprio Niemöller, juntamente com Bonhoeffer e Karl Barth, seriam vistos como radicais por setores do movimento. Desse modo, diferentemente do que muitos imaginam, a Igreja Confessante não via a si mesma como um movimento de resistência ou de oposição ao Estado nazista, mas sim como um lado de uma disputa teológica interna acerca de questões ligadas à doutrina e ao governo da igreja.

Quando visitei o Museu da Resistência, em Berlim, vi diversas menções a Niemöller, bem como a Bonhoeffer e Barth. Esses homens tiveram a coragem de romper com várias amarras da época e pagaram um alto preço por fazerem oposição a Hitler. Barth teve de exilar-se na Suíça, e Bonhoeffer, como sabemos, foi preso e, em seguida, morto. Já Niemöller foi enviado para campos de concentração, mas conseguiu sair de lá com vida. Sua cela pode ser visitada ainda hoje. Apesar de todo o heroísmo desses homens, nem eles conseguiram escapar do antijudaísmo cristão prevalente na época.

Para John E. Phelan, pastor e especialista na interseção entre judaísmo e cristianismo, o legado de Bonhoeffer em

---

[41] Trecho extraído de Franklin Ferreira, "A Igreja Confessional Alemã e a 'Disputa pela Igreja' (1933-1937)", *Fides Reformata XV*, nº 1 (2010), p. 9-36.

relação aos judeus é controverso.[42] Aliás, essa é uma das razões pelas quais ele, diferentemente de Corrie ten Boom, não seja considerado um "justo entre as nações" pelo Yad Vashem.[43] Bonhoeffer, assim como Niemöller, ao se opor ao parágrafo ariano, fez referência aos chamados "ensinos de desprezo", em relação aos judeus, afirmando que, por terem crucificado a Cristo, era necessário que suportassem a maldição por meio de uma história de sofrimento. No entanto, há evidências de que Bonhoeffer tenha mudado de ideia à medida que viu os horrores do antissemitismo nazista, sobretudo após o episódio da Noite dos Cristais, um *pogrom* ocorrido em 9 de novembro de 1938 que resultou na destruição de várias sinagogas e empreendimentos judaicos.

Em uma biografia de Bonhoeffer, publicada ainda na década de 1970, Eberhard Bethge, amigo próximo do pastor luterano, afirma que esse ato de violência fez com que Bonhoeffer mudasse de ideia.[44] Ele se recusou a ver a destruição de sinagogas pelos nazistas como um cumprimento da maldição sobre os judeus. Depois da guerra, Bethge também encontrou uma nota escrita à caneta na Bíblia de Bonhoeffer que dizia "09.11.38", em referência direta à Noite dos Cristais. Essa anotação estava ao lado do seguinte trecho do salmo 74: "Incendiaram todo o teu santuário, profanaram o

---

[42]John E. Phelan Jr., *Separated Siblings: An Evangelical Understanding of Jews and Judaism* (Grand Rapids: Eerdmans, 2020).

[43]Iniciativa do museu israelense de criar um banco de dados com as histórias de não judeus que se arriscaram para salvar judeus durante o Holocausto. Essa base de dados pode ser consultada aqui: <https://collections.yadvashem.org/en/righteous>.

[44]Eberhard Bethge, *Dietrich Bonhoeffer: Man of Vision, Man of Courage* (Harper & Row, 1970).

DE LUTERO A HITLER

lugar de habitação do teu nome. Pensaram: 'Vamos destruir tudo!', e queimaram todos os lugares de adoração a Deus. Já não vemos teus sinais; não há mais profetas, e ninguém sabe quando isso acabará. Até quando, ó Deus, permitirás que nossos inimigos te insultem?" (Sl 74.7-10). Logo após esse ataque aos judeus, Bonhoeffer escreveu uma carta circular para seus alunos, na qual dizia: "Durante os últimos dias, tenho pensado muito sobre o salmo 74, Zacarias 2.8, Romanos 9.3 e 11.11-15. Isso realmente leva alguém a orar". Como afirma Phelan, Bonhoeffer anteriormente usava o texto de Zacarias para se referir à igreja e não a Israel. Além disso, nessas passagens de Romanos, Paulo expressa grande amor pelos judeus, deixando claro que eles ainda são importantes para Deus. Isso nos leva a crer que o teólogo estivesse em uma fase de transição, reavaliando suas próprias crenças à luz da violência nazista. Em outubro de 1941, Bonhoeffer reuniu informações sobre a deportação de judeus a fim de tentar evitá-la, buscando até mesmo a intervenção dos Estados Unidos. Além disso, participou de uma operação clandestina para resgatar catorze judeus e levá-los à Suíça. Talvez, caso tivesse sobrevivido, Bonhoeffer se tornaria um dos nomes grandes nomes da teologia pós-Holocausto, assim como Niemöller.

O Museu do Holocausto dos Estados Unidos ressalta que, apesar de seu antissemitismo inicial, Niemöller foi um dos primeiros a falar sobre a cumplicidade dos alemães no Holocausto. Em janeiro de 1946, ele lançou um livro intitulado *Über die deutsche Schuld, Not und Hoffnung* [Sobre a culpa e a esperança], no qual afirma que os cristãos pecaram contra os judeus. É dele também a famosa citação:

103

Quando os nazistas vieram buscar os comunistas, eu fiquei em silêncio; eu não era comunista.

Quando eles prenderam os sociais-democratas, eu fiquei em silêncio; eu não era um social-democrata. Quando eles vieram buscar os sindicalistas, eu não disse nada; eu não era um sindicalista. Quando eles buscaram os judeus, eu fiquei em silêncio; eu não era um judeu.

Quando eles me vieram buscar, já não havia ninguém que pudesse protestar.[45]

Mesmo com todos esses exemplos terríveis de apoio cristão ao nazismo, é preciso lembrar também dos poucos, porém significativos cristãos, que arriscaram a vida para salvar judeus durante o Holocausto. Como destacou Agnes Grunwald-Spier, ela mesma uma sobrevivente do genocídio, o Yad Vashem já reconheceu mais de 23 mil "justos entre nações", ou seja, pessoas que ajudaram os judeus durante o período nazista. Muitos desses "justos" eram cristãos e agiram assim em virtude de suas crenças religiosas.[46]

Muitas foram as razões que levaram cristãos a resgatar os judeus durante o Holocausto. Entre elas, o senso de uma ligação especial entre os cristãos e o povo judeu, como foi o caso de Corrie ten Boom e sua família, bem como de muitos na comunidade reformada holandesa. Outros, por sua vez, agiram com benevolência em razão de sua própria experiência passada de perseguição religiosa, como os protestantes franceses.

---

[45]United States Holocaust Museum, "Martin Niemöller: First They Came for the Socialists", <https://encyclopedia.ushmm.org/content/article/martin-niemoeller-first-they-came-for-the-socialists>.

[46]Agnes Grunwald-Spier, *Os outros Schindlers* (São Paulo: Cultrix, 2015), p. 19.

Além disso, também houve aqueles que achavam o nazismo incompatível com a fé cristã, pessoas que se mantiveram fiéis à sua convicção acerca do valor intrínseco da vida humana e aos ensinos bíblicos sobre compaixão.[47]

Tudo isso ressalta o potencial que a Bíblia e o cristianismo, assim como qualquer outro livro sagrado ou religião, têm de ser instrumentalizados para fins violentos, mas também de promover a paz. Isso deve nos servir de alerta, sobretudo diante do crescimento atual do antissemitismo e da negação do Holocausto, os quais muitas vezes são justificados em nome de supostos valores cristãos.

---

[47] David P. Gushee, *Righteous Gentiles of the Holocaust: Genocide and Moral Obligation* (Nova York: Paragon House, 2003), p. 236.

3

Os fariseus e a sinagoga de Satanás

*A persistência dos estereótipos
antissemitas cristãos*

Conheço suas aflições e sua pobreza, mas você é
rico. Sei da blasfêmia dos que se opõem a você. Eles
se dizem judeus, mas não são, pois a sinagoga deles
pertence a Satanás.

Apocalipse 2.9

De acordo com a jornalista Bari Weiss, em seu livro *Como combater o antissemitismo*, o ódio aos judeus na atualidade advém de três grupos principais: da extrema direita, da extrema esquerda e do radicalismo islâmico.[1] Isso é corroborado por uma série de pesquisas da Anti-Defamation League (ADL), organização que também lista esses três grupos como sendo as principais fontes do antissemitismo contemporâneo, sobretudo após o massacre de 7 de outubro de 2023.

Segundo a ADL, uma das características centrais desse fenômeno é a oposição ao Estado de Israel como justificativa para reciclar antigos mitos antissemitas. Dessa forma, substituem-se os alvos desse preconceito: o ódio agora é dirigido aos "sionistas" e não mais aos "judeus" — na prática apenas

---

[1]Bari Weiss, *Como combater o antissemitismo* (São Paulo: É Realizações, 2023).

uma nova forma de se referir ao povo judeu. Nesse sentido, observa-se que ambos os extremos do espectro político e os grupos radicais islâmicos parecem empregar as mesmas teorias da conspiração e os mesmos argumentos para justificar sua aversão aos judeus.

É interessante perceber que, apesar de o cristianismo não ser diretamente mencionado como fonte atual de antissemitismo pela ADL, muitos dos casos documentados tanto por Weiss quanto pela organização ao longo dos anos estão relacionados a estereótipos cristãos. Por exemplo, a ideia de que os judeus são culpados pela morte de Jesus, são "filhos do diabo" e fazem parte da "sinagoga de Satanás". Por incrível que pareça, até mesmo muçulmanos (que teologicamente nem sequer acreditam que Jesus foi morto na cruz) têm espalhado esse tipo de teoria a fim de tentar deslegitimar o Estado de Israel.

A prevalência desse antijudaísmo cristão nos dias de hoje, outrora difundido pelos nazistas, ficou evidente muito antes do massacre perpetrado pelo Hamas em outubro de 2023. Em 2020, o professor Gunther Jikeli, do Instituto para o Estudo do Antissemitismo Contemporâneo, da Universidade de Indiana, editou um livro intitulado *The Return of Religious Antisemitism*.[2] Nele, o pesquisador afirma que, apesar de Wilhelm Marr, em 1879, ter buscado separar o antissemitismo racial do antijudaísmo religioso, e apesar das transformações sociais mundiais no século 21, a religião continua sendo usada para justificar o ódio aos judeus. Essa tendência está longe de

---

[2]Gunther Jikeli, "Is Religion Coming Back as a Source for Antisemitic Views?", in: Gunther Jikeli (ed.) *The Return of Religious Antisemitism?* (Basileia: MDPI, 2021), p. 3.

ser uma relíquia do passado — é algo cada vez mais corriqueiro em nossos dias. Segundo a ADL, em 2013, 26% dos norte-americanos acreditavam que os "judeus foram responsáveis pela morte de Cristo".[3] De acordo com outra pesquisa, realizada em 2021 em dezesseis países europeus, dois estereótipos antijudaicos cristãos ainda eram prevalentes no velho continente: a ideia de que até hoje a crucificação de Jesus Cristo é um pecado imperdoável cometido pelos judeus e de que o sofrimento deles é uma punição divina.[4]

Em todos os ataques antissemitas mais violentos na história recente do Ocidente, pelo menos nos mais letais e nos quais judeus foram mortos simplesmente por serem judeus, houve algum tipo de motivação religiosa. Isso é verdade não apenas em relação aos dezessete assassinatos antissemitas de judeus na Europa entre 2000 e 2018, cujos assassinos fizeram referência ao islã, mas também no que diz respeito aos dois atentados antissemitas mais violentos dos Estados Unidos até então: o da sinagoga de Pittsburgh, em outubro de 2018, e o da sinagoga de Poway, na Califórnia, em abril de 2019 — ambos cometidos por homens que afirmavam a fé cristã.

Os "fariseus" no Brasil

No Brasil, não temos dados estatísticos tão abrangentes como esses, mas basta uma rápida pesquisa nas redes sociais

[3] Anti-Defamation League, "ADL Poll: Anti-Semitic Attitudes in America Decline 3 Percent", 31 de outubro de 2013, <https://www.adl.org/resources/press-release/adl-poll-anti-semitic-attitudes-america-decline-3-percent>.
[4] András Kovács e György Fischer, "Antisemitc Prejudices in Europe: Survey in 16 European Countries", Institute for Jewish Policy Research, <https://archive.jpr.org.uk/object-2408>.

para perceber que o número de brasileiros com opiniões antissemitas não é pequeno. Um exemplo que ilustra bem essa tendência aconteceu no fim de dezembro de 2022, quando o deputado federal pelo Partido Liberal (PL) de São Paulo, Paulo Bilynskyj, gerou controvérsia ao homenagear seu avô ucraniano que, segundo ele, havia lutado contra os comunistas durante a Segunda Guerra Mundial. O fato é que o avô do deputado fazia parte de uma milícia nazista, a SS armada.[5] Quando isso foi apontado, Bilynskyj escreveu o seguinte tuíte: "Não se esqueçam nunca, quem foi que colocou Jesus na cruz?",[6] ao qual muitos responderam atribuindo essa responsabilidade aos judeus. Meses depois, em maio de 2023, o mesmo deputado foi alvo de polêmicas pelo mesmo motivo. Dessa vez, porém, ele resolveu homenagear o avô na Câmara dos Deputados, uma ação condenada pelas principais organizações judaicas do Brasil[7] e até mesmo pelo embaixador israelense no país.[8] Esse caso chama atenção

[5] Fábio Previdelli, "Deputado relembra e exalta avô que defendeu exército pessoal de Hitler", *Aventuras na História*, 17 de março de 2022, <https://aventurasnahistoria.com.br/noticias/historia-hoje/deputado-relembra-e exalta-avo-que-defendeu-exercito-pessoal-de-hitler.phtml>.

[6] Paulo Bilynskyj: "Não se esqueçam nunca, quem foi que colocou Jesus na cruz?", @paulobilynskyj1, *X*, 29 de dezembro de 2022, <https://twitter. com/paulobilynskyj1/status/1608507718721245186>.

[7] Cristina Camargo, "Discurso de deputado mostra orgulho do nazismo, dizem entidades", *Folha de S. Paulo*, 26 de maio de 2023, <https://www1. folha.uol.com.br/poder/2023/05/discurso-de-deputado-mostra-orgulho do-nazismo-dizem-entidades.shtml>.

[8] Vinicius Lucena, "Embaixador de Israel condena fala de deputado sobre participação do avô na polícia nazista", *Folha de Pernambuco*, 19 de maio de 2023, <https://www.folhape.com.br/noticias/embaixador-de-israel condena-fala-de-deputado-sobre-participacao-do/271418/>.

pela sua notoriedade e por envolver um parlamentar eleito, mas infelizmente não é um evento isolado. Diariamente leio na internet comentários que culpam os judeus pela morte de Jesus, muitas vezes até mesmo em resposta a postagens minhas. E isso só piorou após o massacre em outubro de 2023.

Em fevereiro de 2024, após o presidente Lula relativizar o Holocausto e proferir um discurso antissemita que comparava as ações israelenses na Faixa de Gaza com o que Hitler fez durante a Segunda Guerra Mundial, o Estado de Israel declarou o líder brasileiro como *"persona non grata"*.[9] Não demorou para que muitos de seus apoiadores saíssem em sua defesa afirmando que Jesus também era uma *persona non grata* em Israel, uma vez que a maioria dos judeus não o reconhece como Messias.[10] Acredito que isso seja explicado, pelo menos em parte, pela própria história religiosa do Brasil, tendo em vista nossa formação católica. Durante o período colonial, os judeus também foram perseguidos no Brasil pela Inquisição portuguesa. Como afirma a historiadora Anita Novinsky no importante livro *Os judeus que construíram o Brasil*, "as novas gerações terão de conviver com esta fatídica história da Inquisição de Portugal, que transferiu para o Brasil a perseguição

[9] "Israel declara Lula como 'persona non grata' após presidente comparar ação contra palestinos em Gaza ao Holocausto", *G1 Mundo*, 19 de fevereiro de 2024, <https://g1.globo.com/mundo/noticia/2024/02/19/israel-declara-lula-como-persona-non-grata.ghtml>.

[10] Um tuíte com conteúdo semelhante teve um milhão de visualizações no X. Cássio Oliveira: "Jesus Cristo que nasceu em Belém, uma província romana na PALESTINA, é *persona non grata* em Israel até hoje", @cassioolivveira, *X*, 19 de fevereiro de 2024, <https://x.com/cassioolivveira/status/1759658300977598786?s=46&t=vhSsIbfaC1WOvTJ26Uk0FA>.

aos cristãos-novos, a discriminação e o racismo". Esse episódio da nossa história estampou no povo judeu a insígnia de "inimigos e traidores da fé cristã que deveriam ser entregues aos carrascos para o agrado dos céus".[11]

Acredito que muito do antijudaísmo cristão que ainda prevalece em nosso país remonta a isso. Outra importante pesquisadora brasileira sobre o antissemitismo, Maria Luiza Tucci Carneiro, destaca que o mito de que os judeus mataram Jesus é uma das acusações tradicionais que compõem o imaginário popular de preconceito antijudaico. Segundo ela, esse pensamento sempre esteve presente em países de tradição católica. No Brasil, um exemplo da persistência dessa ideia é a tradição de "crucificar o Judas" durante a Semana Santa, no Sábado de Aleluia, em referência a Judas Iscariotes, o judeu que traiu Jesus. Como ressalta a autora, ao longo das últimas décadas tem sido comum o uso de Judas até mesmo para a crítica política, como um sinônimo para se referir a políticos corruptos. Isso, porém, não deve ser visto simplesmente como uma tradição folclórica, mas como um exemplo de "transfiguração cultural e expressão do antissemitismo tradicional".[12]

Outro estereótipo de cunho antissemita muito comum no Brasil, sobretudo nos debates políticos, é o termo "fariseu". No imaginário popular, o fariseu geralmente é tido como sinônimo de hipocrisia e corrupção religiosa e se tornou um adjetivo muito popular no meio cristão. Essa percepção origina-se principalmente dos relatos nos Evangelhos sobre a relação

---

[11] Anita Novinsky et al., *Os judeus que construíram o Brasil: Fontes inéditas para uma nova visão da história* (São Paulo: Planeta, 2015), p. 12.

[12] Maria Luiza Tucci Carneiro, *Dez mitos sobre os judeus* (São Paulo: Ateliê Editorial, 2021), p. 63.

conflituosa que Jesus tinha com esses líderes religiosos de sua época. Em Mateus 16, por exemplo, ele exorta seus discípulos a terem cuidado com o "fermento dos fariseus" (Mt 16.5-12). Já em Mateus 23, profere duras palavras contra esses mestres da lei: "Serpentes! Raça de víboras! Como escaparão do julgamento do inferno?" (Mt 23.33). Esses termos e expressões eram comuns no *Der Stürmer* — eram usados pelos nazistas para demonizar os judeus.

Atualmente, o uso do termo "fariseu" é muito mais político do que religioso, mas isso não muda sua conotação antissemita. Existe uma grande tradição nas sociedades cristãs de acusar adversários de serem judeus ou de agirem como os judeus pelo fato de esse povo não compartilhar das doutrinas cristãs, tidas como verdade. Por isso, é importante ressaltar que o antissemitismo é algo tão enraizado na cultura ocidental que muitas vezes nós o reproduzimos sem nem mesmo nos darmos conta disso. É possível que alguém use uma expressão antissemita sem necessariamente nutrir algum tipo de aversão aos judeus, simplesmente por desconhecer a origem dessa expressão. O verbo "judiar" é um exemplo disso. Sua etimologia remonta à época da Inquisição e se referia ao processo de um judeu convertido ao cristianismo voltar às práticas judaicas, algo que era considerado um erro gravíssimo.

No caso do termo "fariseu", porém, talvez seu uso seja mais complexo, devendo realmente ser rejeitado como um sinônimo de xingamento, uma vez que os fariseus do tempo de Jesus são os antecedentes do judaísmo rabínico moderno. Portanto, seria quase como usar o termo "cristão" como uma palavra adequada para denominar pessoas desonestas devido à existência de casos de lideranças evangélicas envolvidas em escândalos de corrupção. Como afirmam Joseph Sievers e Amy-Jill Levine no magistral *The Pharisees*,[13] por quase dois milênios várias denominações cristãs têm representado os fariseus como legalistas, amantes do dinheiro, xenofóbicos e hipócritas. Embora a pesquisa histórica ajude a corrigir alguns desses equívocos, a imagem distorcida a partir de leituras teológicas antijudaicas do Novo Testamento continua presente não apenas em pregações e estudos bíblicos, mas na própria cultura em geral. Isso se dá porque, na imaginação cristã mais ampla, os fariseus representam uma cultura judaica degenerada a qual tanto Jesus quanto Paulo buscaram corrigir. Uma vez que os fariseus deram origem ao judaísmo rabínico, é comum que essas descrições acabem gerando antissemitismo.

O imaginário judaico moderno é o oposto disso, pois considera os fariseus como os respeitados mestres do judaísmo do Segundo Templo. Eles eram aqueles que mantinham a santidade do local de culto, estendendo-a, além dos sacerdotes, também ao povo; eram aqueles que ajudaram a manter viva a tradição judaica mesmo após a destruição do templo, em 70 d.C. Isso foi o que permitiu o surgimento do judaísmo rabínico como o conhecemos hoje. De acordo com Sievers e Levine, essas visões tão distintas são fruto do distanciamento entre a Igreja e a Sinagoga, bem como o fato de que o conhecimento acadêmico sobre a Bíblia nem sempre é transmitido dos seminários teológicos para os púlpitos e bancos das igrejas. O Papa Francisco, ciente disso, organizou, em maio de 2019, uma conferência no Instituto Bíblico Pontifício para que estudiosos judeus e cristãos pudessem discutir a questão dos fariseus. Na ocasião, ele

---

[13]Joseph Sievers e Amy-Jill Levine (eds.), *The Pharisees* (Grand Rapids: Eerdmans Publishing, 2021).

afirmou que as pesquisas acadêmicas recentes mostram que sabemos muito menos acerca dos fariseus do que imaginamos e apelou para "a regra de ouro", para que, em nome do amor ao próximo, os cristãos pudessem buscar entender melhor o judaísmo e evitar a reprodução de antigos preconceitos.

Apesar disso, é difícil mudar a percepção não apenas dos cristãos, mas da cultura como um todo, deixando claro que o termo "fariseu" não deve ser visto como um insulto. Isso pode ser verificado nas eleições presidenciais no Brasil, em 2022. Em várias ocasiões, o presidente Lula acusou seus adversários políticos de serem "fariseus".[14] Isso não significa, porém, que Lula seja antissemita, tampouco temos evidências de que ele utilizou esse termo ciente de sua conotação antijudaica. Pelo contrário, acredito que este seja mais um exemplo de como o antijudaísmo cristão é prevalente também em nossa cultura.

As raízes desse sentimento em nossa nação remontam não apenas à Inquisição portuguesa, no século 16, mas também ao período do próprio Holocausto. Os anos que correspondem ao período da ascensão de Hitler na Alemanha também foram marcados por uma série de transformações políticas no Brasil, como a Revolução de 1930, que colocou Getúlio Vargas na presidência, cargo do qual foi deposto em 1945 e ao qual retornaria por meio do voto popular cinco anos mais tarde. Sua repressão aos comunistas e aos movimentos de esquerda como um todo, juntamente com a implementação do Estado Novo (uma espécie de ditadura), em 1937, contribuíram para

---

[14]Victor Correia, "Lula diz que Bolsonaro é 'fariseu' e se aproveitou da fé da população", *Correio Braziliense*, 28 de abril de 2022, <https://www.correiobraziliense.com.br/politica/2022/04/5003976-lula-diz-que-bolsonaro-e-fariseu-e-se-aproveitou-da-fe-da-populacao.html>.

o fortalecimento das ideias antissemitas no Brasil, principalmente por meio das ações da Aliança Integralista Brasileira (AIB), o partido fascista brasileiro. Vale ressaltar que o próprio Vargas adotou medidas antissemitas, como a proibição da imigração judaica para o Brasil e a deportação da comunista judia Olga Benário para ser morta pelos nazistas nos campos de concentração.[15]

Como aponta Pedro Doria no livro *Fascismo à brasileira*, diferentemente da Europa, aqui os movimentos fascistas se originaram não entre os soldados que voltaram da Primeira Guerra Mundial, mas sim entre os intelectuais. Nesse aspecto, três nomes são relevantes no movimento: Plínio Salgado, Miguel Reale e Gustavo Barroso. De acordo com Doria, os dois primeiros eram fascistas à moda italiana e buscavam reproduzir o governo de Mussolini. Barroso, por sua vez, era nazista, descrito como "virulentamente antissemita".[16] Contudo, não se considerava racista, sendo essa uma das diferenças do fascismo brasileiro, em comparação ao europeu. Isso se dava pelo fato de que, para adaptar o fascismo europeu ao contexto brasileiro, o movimento defendia a ideia de uma união racial.

Em muitos discursos integralistas, nota-se certa simbiose entre o antijudaísmo religioso e o antissemitismo racial. Isso se deu principalmente na tentativa de construir uma imagem do judaísmo como uma religião aliada aos comunistas para a destruição do cristianismo. Os integralistas também buscavam

---

[15] Para compreender melhor a relação do presidente Getúlio Vargas com o nazismo, recomendo Maria Luiza Tucci Carneiro, *O antissemitismo na Era Vargas: Fantasmas de uma geração* (São Paulo: Perspectiva, 2001).

[16] Pedro Doria, *Fascismo à brasileira: Como o integralismo, maior movimento de extrema-direita da história do país, se formou e o que ele ilumina sobre o bolsonarismo* (São Paulo: Planeta, 2020), p. 144.

OS FARISEUS E A SINAGOGA DE SATANÁS

associar os judeus aos maçons, partindo do mito medieval cristão de que o anticristo teria origem judaica. Assim, pouco a pouco, era elaborada a imagem do inimigo que precisava ser destruído a fim de proteger os pilares do integralismo: Deus, pátria e família.[17]

Em seus livros, Gustavo Barroso apela a elementos bíblicos para justificar seu antissemitismo, agindo de modo muito semelhante a Julius Streicher. A historiadora Maria Luiza Tucci Carneiro destaca que Barroso, além de ter sido um dos principais ideólogos do antissemitismo brasileiro, também era muito respeitado na Alemanha — suas obras chegaram a ser elogiadas pelo *Der Strümer*.[18] No livro *Brasil: colônia de banqueiros,* Barroso afirma que os judeus estariam cumprindo à risca a ordem de Deuteronômio 7.16: "Destruam todas as nações que o SENHOR, seu Deus, lhes entregar". E, em seguida, afirma que é por essa mesma razão que a usura é proibida entre eles (citando de modo direto Deuteronômio 15.1 e 23.19-20), pois era uma forma de eles se fortalecerem economicamente a fim de destruir as nações.[19] Chega a afirmar ainda que o antissemitismo é mais antigo do que o próprio cristianismo; dessa forma, os cristãos não podem ser acusados de haver criado o ódio sistemático contra os judeus. Isso porque o judaísmo teria sido o problema mais perigoso de todos os tempos, não em termos raciais ou religiosos, mas sim políticos e econômicos, algo registrado nos próprios livros sagrados dos judeus — ou

[17] Ivair Augusto Ribeiro, "O anti-semitismo no discurso integralista no sertão de São Paulo", in: Maria L. T. Carneiro (org.), *O antissemitismo nas Américas: Memória e história* (São Paulo: EDUSP, 2007), p. 365-80.

[18] Carneiro, *O antissemitismo na Era Vargas,* p. 272.

[19] Gustavo Barroso, *Brasil: colônia de banqueiros* (Rio de Janeiro: Civilização Brasileira S.A.,1934), p. 32.

seja, nos livros que conhecemos como Antigo Testamento.[20] Já em *Comunismo, cristianismo e corporativismo*, Barroso tece duras críticas a Karl Marx e suas ideias, ressaltando a identidade judaica do autor e apontando-a como a causa de suas críticas à religião. Para o integralista, Marx dá continuidade ao "velho ódio farisaico contra Jesus Cristo", o mesmo sentimento daqueles que gritaram em Jerusalém pedindo a crucificação do Messias.[21]

Apesar do fracasso político do integralismo, os estereótipos antijudaicos cristãos que ele ajudou a propagar permaneceram vivos na cultura brasileira. Em 1980, por exemplo, foi fundada no Rio Grande do Sul a editora Revisão, especializada em publicar livros integralistas, bem como conteúdo nazista e principalmente negacionista no que dizia respeito ao Holocausto. Seu fundador, Siegfried Ellwanger Castan (1928–2010), foi denunciado por racismo e condenado por unanimidade pelo Tribunal de Justiça do Rio Grande do Sul. Apesar disso, ele continuou a vender seus livros antissemitas, e foi condenado mais uma vez, em 1998, a cumprir dois anos de prisão. Castan recorreu da decisão ao Supremo Tribunal Federal, argumentando que não era racista, uma vez que os judeus não são uma raça, e sim uma etnia. O Supremo, porém, manteve a pena, e o julgamento se tornou bastante emblemático.

Entre os livros publicados pela Revisão, estavam a obra de Gustavo Barroso, bem como a tradução feita por ele de *Os protocolos dos sábios de Sião*, obra antissemita clássica usada

---

[20] Ibid., p. 72.
[21] Gustavo Barroso, *Comunismo, cristianismo e corporativismo* (Rio de Janeiro: Empresa Editora ABC Limitada, 1938), p. 50.

pelos nazistas, segundo a qual existe em curso uma conspiração judaica mundial. Também faziam parte do catálogo da editora o infame *Sobre os judeus e sua mentiras*, além de outros títulos como *Complô contra a Igreja*, *Cristianismo em xeque* e *Catolicismo traído*, este de autoria do próprio Castan. Uma característica comum em todas essas obras é a citação de textos bíblicos — tanto do Antigo quanto do Novo Testamento — para justificar o antissemitismo. Infelizmente, muitos deles ainda podem ser facilmente encontrados on-line, e até mesmo é possível adquirir alguns exemplares em sites especializados em livros usados.

A história do antissemitismo cristão no Brasil é longa e, infelizmente, ainda está longe de seu capítulo final. Muitos dos estereótipos propagados aqui também ecoam mundo afora, sobretudo na era das redes sociais. O maior exemplo disso foi o caso envolvendo o rapper americano Kanye West.

Kanye West e a "sinagoga de Satanás"

De acordo com a Agência Judaica de Israel, em 2022, o número de judeus no mundo chegou a 15.3 milhões de pessoas, das quais mais de 7 milhões residem no Estado de Israel.[22] Essa é uma estatística muito interessante, já que é a primeira vez que a quantidade de judeus iguala o número de judeus em 1933, ano em que Hitler ascendeu ao poder na Alemanha.[23]

---

[22] The Jewish Agency for Israel, "Jewish Population Rises to 15.3 Million Worldwide, with Over 7 Million Residing in Israel", <http://bit.ly/3T8rlkU>.

[23] United States Holocaust Museum, "Jewish Population of Europe in 1933: population data by country", *Holocaust Encyclopedia*, <https://encyclopedia. ushmm.org/content/en/article/jewish-population-of-europe-in-1933-population-data-by-country>.

Por outro lado, em 2022, o rapper Kanye West tinha quase 32 milhões de seguidores apenas no X, antigo Twitter, e cerca de 16 milhões no Instagram. Em ambas as contas, separadamente, o número de pessoas interessadas no conteúdo do cantor era maior do que a população judaica do mundo inteiro. É por isso que foi tão chocante quando ele começou a espalhar as mais diversas teorias da conspiração antissemitas. Inicialmente, no dia 6 de outubro de 2022, em uma entrevista ao canal Fox, ele afirmou que "os verdadeiros judeus, as doze tribos perdidas de Judá, o sangue de Cristo, eram os negros". Portanto, ele, um homem negro, jamais poderia ser acusado de antissemitismo. Dias depois, ele postou algumas imagens alegando que se tratavam de provas de uma conspiração judaica contra ele na indústria fonográfica. Nos dias que se seguiram, West dobrou a aposta. Primeiro, em uma entrevista para o programa *Drink Champs*, que foi retirada do ar horas depois, ele responsabilizou a "mídia judaica" e os "sionistas judeus" por vários problemas do mundo, afirmando que eles estavam tentando retirar os negros da indústria da música, além de fazer referências diretas a Louis Farrakhan, conhecido antissemita e líder do movimento Nação do Islã.

No dia seguinte, em outra entrevista, West voltou a falar em uma suposta conspiração judaica contra ele, alegando estar sofrendo ameaças de morte. Ele também se defendeu dizendo que não era antissemita, uma vez que era "um judeu de verdade" pelo fato de ser negro. Então, seu discurso só piorou. O músico elogiou Adolf Hitler e negou o Holocausto. Posteriormente, o rapper chegou até mesmo a se associar a líderes supremacistas e de movimentos de extrema-direita, como Nick Fuentes e Milo Yiannopoulos — os três, aliás, foram convidados para um jantar por Donald Trump. Alguns meses depois, West participou do programa *InfoWars*, do teórico conspiracionista Alex Jones, entrevista na qual o rapper demonstrou um alto grau de antissemitismo. Na ocasião, West citou e elogiou vários antissemitas famosos. Além de relativizar o Holocausto e repetir suas muitas declarações de admiração a Hitler, ele chegou a afirmar que os nazistas também haviam feito coisas boas e que a mídia judaica é que distorcia a imagem e reputação do *Führer* e de seus apoiadores. De acordo com o rapper, também seria historicamente incorreto afirmar que os nazistas mataram 6 milhões de judeus. Para ele, o Holocausto não aconteceu, e Hitler tinha muitas qualidades, era quase um redentor.

Tendo em vista a fama de Kanye West e seu alcance midiático, as consequências dessas falas, como já era esperado, foram terríveis. Elas foram endossadas e elogiadas por vários grupos radicais e antissemitas, servindo como um trampolim para que ideias antijudaicas cristãs voltassem à tona. Entre os que apoiaram West, estava a Nação do Islã, e outros grupos extremistas como Black Hebrew Israelites, Proud Boys, Goyim Defense League e simpatizantes das teorias da conspiração QAnon.[24]

De acordo com a ADL, a Nação do Islã é a maior organização nacionalista negra dos Estados Unidos. Fundada em 1930 por Louis Farrakhan, o grupo mantém um longo histórico de antissemitismo[25] e reúne atualmente cerca de 50 mil seguidores.

---

[24] Anti-Defamation League, "Extremists Are Praising Kanye West's Antisemitism, Parler Acquisition", *ADL*, 20 de outubro de 2022, <https://www.adl.org/resources/blog/extremists-are-praising-kanye-wests-antisemitism-parler-acquisition>.

[25] Anti-Defamation League, "Nation of Islam", ADL, 1º de outubro de 2021, <https://www.adl.org/resources/profile/nation-islam>.

Em um sermão pregado em comemoração ao Santo Dia da Propiciação — um dos principais eventos anuais da Nação do Islã —, um dos seus líderes, Ishamel Muhammad, fez referência direta a West e a Farrakhan, elogiando-os por terem acusado os judeus de fazer parte da "sinagoga de Satanás". De acordo com Muhammad, Satanás teria enganado o mundo inteiro, mas graças a Farrakhan eles agora tinham as lentes corretas para enxergar que os judeus são o próprio diabo, uma referência aos textos bíblicos de Apocalipse 2.9 e 3.9.

Tanto a Nação do Islã quanto outros movimentos que buscam ligar a causa negra ao islamismo possuem uma visão teológica significativamente diferente da maioria dos muçulmanos — por exemplo, partem do pressuposto de que o verdadeiro Israel são os negros. Assim, acreditam que os judeus de hoje são farsantes que cultuam em uma sinagoga demoníaca. Parte desse pensamento vem da noção cristã de que, por não terem reconhecido Jesus como Messias, os judeus não são mais o povo escolhido. Nesse aspecto, observa-se uma tentativa semelhante à dos nazistas de redefinir tanto a identidade étnica de Jesus quanto a de seus compatriotas, resultando, inevitavelmente, em antissemitismo. Isso fica bastante evidente no movimento Black Hebrew Israelites, que vê os negros como os descendentes diretos das doze tribos de Israel, uma ideia que também foi disseminada por Kanye West. Os líderes desse grupo chegaram a afirmar publicamente que o rapper fora usado por Deus para que o mundo soubesse quem são os verdadeiros israelitas. Infelizmente, vale ressaltar que o ódio nutrido por esses grupos contra os judeus não se restringe apenas à retórica.

Simpatizantes desse grupo foram responsáveis, em 10 de dezembro de 2019, pelo segundo atentado antissemita mais

OS FARISEUS E A SINAGOGA DE SATANÁS

violento da história recente dos Estados Unidos, quando David Anderson e Francine Graham mataram três judeus e um policial em uma loja *kosher*, em Nova Jersey. Nas redes sociais dos assassinos, havia conteúdo que acusava os judeus de fazerem parte da sinagoga de Satanás e apologias ao nazismo. Dias depois, outro indivíduo ligado ao Black Hebrew Israelites atacou a casa de um rabino no estado de Nova York, durante a celebração do *Hanukkah*, um dos principais festivais do judaísmo. O ataque realizado com um machado deixou cinco feridos.

Outro caso de antissemitismo envolvendo o Black Hebrew Israelites aconteceu em outubro de 2020, quando o jogador de basquete da NBA Kyrie Irving compartilhou com seus mais de 4 milhões de seguidores um link do filme *Hebrews to Negroes*, que propaga a ideia de que os judeus modernos não são o verdadeiro Israel bíblico, além de promover uma série de estereótipos antissemitas e teorias que negam o Holocausto. No livro, há várias menções aos versículos de Apocalipse e do Evangelho de João, textos comumente usados para associar os judeus ao diabo.[26] Ao ser questionado se era antissemita, Irving simplesmente respondeu que isso seria impossível, já que ele sabia de onde vinha. Após ser suspenso, ele pediu desculpas em uma nota em conjunto com a ADL e o Brooklyn Nets, seu time na época.

As falas de Kanye West também foram aproveitadas por supremacistas brancos e outros antissemitas. Membros da Goyim Defense League,[27] grupo que defende a expulsão

---

[26] Este é o livro que inspirou o filme: Ronald Dalton Jr., *Hebrews to Negroes: Wake Up Black America!* (G Publishing, 2014).

[27] Para saber mais sobre esse grupo, veja: <https://www.adl.org/resources/backgrounder/goyim-defense-league>.

dos judeus dos Estados Unidos, fizeram uma manifestação de apoio ao rapper em uma estrada em Los Angeles,[28] com cartazes que diziam, entre outras palavras de ordem, "Kanye está certo sobre os judeus" — um exemplo claro de como o uso do antijudaísmo cristão para a promoção do antissemitismo racial que se manifestou na Alemanha nazista permanece vivo até hoje. Também é possível perceber essa ligação direta nos artigos escritos pelo neonazista Andrew Anglin no site *Daily Stormer*, nome que faz, aliás, referência explícita ao periódico alemão *Der Stürmer*. Em um desses artigos, Kanye West é considerado a pessoa mais importante que já viveu desde Cristo, ou pelo menos, desde Adolf Hitler. Casos como esses deixam claro como a religião pode sim ser a força motivadora de alguns dos maiores antissemitas da atualidade.[29]

Como afirma o professor Alvin Rosenfeld, diretor do Instituto para o Estudo do Antissemitismo Contemporâneo da Universidade de Indiana, existe hoje uma tendência preocupante na extrema-direita americana, com a junção entre o antissemitismo cristão tradicional e o nacionalismo branco militante.[30] Há vários casos que apontam para isso, como o já mencionado ataque à sinagoga Tree of Life, em 2018, quando Robert Bowers matou onze pessoas, no ataque antissemita

[28] Michael Starr, "'Kanye is right about the Jews' banner hung over LA highway", *The Jerusalem Post*, 23 de outubro de 2022, <https://www.jpost.com/diaspora/antisemitism/article-720336>.
[29] Gunther Jikely, "Is Religion Coming Back as a Source for Antisemitic Views?", p. 3.
[30] Alvin Rosenfeld, "The Jews Are Guilty: Christian Antisemitism in Contemporary America", *Fathom*, novembro de 2022, <https://fathomjournal.org/the-jews-are-guilty-christian-antisemitism-in-contemporary-america2/#_edn21>.

OS FARISEUS E A SINAGOGA DE SATANÁS

mais letal da história norte-americana. Entre os motivos para o ato, estava a ideia de que os judeus eram uma ameaça aos Estados Unidos por supostamente incentivarem a imigração de pessoas não brancas para o país. Uma das principais evidências que levaram à sua condenação foi a grande quantidade de menções feitas por Bowers em seus perfis nas redes sociais aos judeus como filhos do diabo e outras alusões a textos bíblicos comumente utilizados por antissemitas.[31]

Seis meses depois desse ataque, John Earnest, inspirado pelo atentado à Tree of Life, invadiu uma sinagoga na Califórnia no dia do *Pessach* (a Páscoa judaica) e matou um fiel; outras três pessoas, incluindo o rabino, ficaram feridas. Durante o ataque, Earnest gritou que os judeus estavam arruinando o mundo. Ele tinha 19 anos e frequentava a Igreja Presbiteriana Ortodoxa. Em um manifesto de seis páginas, publicado na internet, ele culpava os judeus por supostamente estarem por trás de um genocídio da raça europeia.[32] Ademais, forneceu uma justificativa teológica para suas ações, uma vez que os judeus seriam culpados pela morte de Jesus e por perseguir os cristãos ao longo da história. Como base para essas afirmações, além de citar os versículos de Mateus, João e Apocalipse, o terrorista também recorreu a um texto do apóstolo Paulo, 1 Tessalonicenses 2.14-16:

---

[31] Anti-Defamation League, "Deadly Shooting at Pittsburgh Synagogue", *ADL*, 27 de outubro de 2018, <https://www.adl.org/resources/blog/deadly-shooting-pittsburgh-synagogue>.

[32] Michael McGowan, "San Diego shooting suspect posted 'open letter' online", *The Guardian*, 28 de abril de 2019, <https://www.theguardian.com/us-news/2019/apr/28/john-earnest-san-diego-shooting-suspect-posted-open-letter-online>.

JESUS, UM JUDEU

E então, irmãos, vocês foram perseguidos por seus próprios compatriotas, tornando-se assim imitadores das igrejas de Deus em Cristo Jesus na Judeia, que também sofreram nas mãos de seu próprio povo, os judeus. Eles mataram o Senhor Jesus e os profetas, e agora também nos perseguem. Não agradam a Deus e trabalham contra toda a humanidade, procurando impedir-nos de anunciar a salvação aos gentios. Com isso, continuam a acumular pecados, mas a ira de Deus finalmente os alcançou.

Outro caso grave que ressalta essa relação entre o antissemitismo cristão e o nacionalismo branco nos Estados Unidos aconteceu em 2017, na Virgínia, quando supremacistas protestaram contra a remoção de uma estátua de Robert E. Lee, escravocrata responsável por liderar os Estados Confederados durante a Guerra Civil Americana (1861–1865). Durante os protestos, os racistas gritavam palavras de ordem afirmando que os judeus não o substituiriam. Houve confronto com manifestantes contrários, resultando no assassinato de Heather Heyer, uma ativista dos direitos civis que foi atropelada por um supremacista. Na ocasião, era possível ver pessoas usando roupas com símbolos nazistas e carregando cartazes que afirmavam que os judeus eram descendentes do diabo. Esses cartazes podem ser vistos em uma foto que viralizou na internet, na qual um policial negro faz a segurança para que os supremacistas brancos possam exercer seu direito à liberdade de expressão conforme assegurado pela Constituição norte-americana.[33]

Também não podemos deixar de mencionar a insurreição que aconteceu em Washington, D.C., em janeiro de 2021,

[33] Jill Mumie e Andrew Katz, "The Story Behind the Viral Photo of the Officer and the KKK", *Time*, 16 de agosto de 2017, <https://time.com/4899668/charlottesville-virginia-protest-officer-kkk-photo/>.

quando a sede do Congresso norte-americano foi invadida por apoiadores do ex-presidente Donald Trump que não haviam aceitado a vitória de Joe Biden. Essa invasão foi marcada por várias manifestações cristãs de nacionalismo, como bandeiras que afirmavam: "Jesus é meu salvador, Trump é meu presidente" e até momentos de oração.[34] Também não foram poucas as demonstrações de antissemitismo e de negacionismo do Holocausto — uma jornalista israelense chegou a ser agredida enquanto fazia a cobertura ao vivo dos eventos, em hebraico.[35]

Um relatório publicado pela ADL em parceria com a Universidade de Tel Aviv em 2023 sobre o status do antissemitismo no mundo chama a atenção para essa relação crescente entre o ódio aos judeus com base em estereótipos cristãos e nacionalistas nos Estados Unidos[36] — uma combinação que nem sempre redunda em posicionamentos coerentes. Esse é o caso de Donald Trump, presidente dos Estados Unidos entre 2017 e 2021. O republicano é considerado por muitos como o presidente mais pró-Israel da história norte-americana. Ele não apenas mudou a embaixada dos Estados Unidos de Tel Aviv para Jerusalém, como também reconheceu a soberania

[34] Elizabeth Dias e Ruth Graham, "How White Evangelical Christians Fused With Trump Extremism", *The New York Times*, 11 de janeiro de 2021, <https://www.nytimes.com/2021/01/11/us/how-white-evangelical-christians-fused-with-trump-extremism.html>.

[35] Elana Schor, "Anti-Semitism seen in Capitol insurrection raises alarms", *Associated Press*, 13 de janeiro de 2021, <https://apnews.com/article/election-2020-donald-trump-race-and-ethnicity-discrimination-elections-a72d2c399574206d64606f3d254c4b01>.

[36] Anti-Defamation League e Tel Aviv University, "Antisemitism Worldwide 2022", <https://cst.tau.ac.il/antisemitism-worldwide-report-for-2022/>.

israelense nas Colinas de Golã, território sírio conquistado por Israel em 1967, durante a Guerra dos Seis Dias. Trump também teve um papel importante ao negociar os Acordos de Abraão, que estabeleceram a paz entre Israel e países como Emirados Árabes Unidos, Bahrein e Marrocos.

Mesmo assim, Donald Trump aceitou jantar com Kanye West e Nick Fuentes, famosos nas redes sociais por espalharem teorias da conspiração que negam o Holocausto. Para Fuentes, os Estados Unidos são um país cristão e, portanto, deve ser governado por cristãos. A medida gerou crítica até mesmo de seus apoiadores judeus, incluindo seu enviado especial para o combate ao antissemitismo, Elan Carr, e seu embaixador para Israel, David Friedman.[37] Essa não foi a única polêmica do republicano envolvendo antissemitas. Em 2017, após uma manifestação de grupos supremacistas em Charlottesville, Virgínia, Trump condenou a violência, mas afirmou que havia boas pessoas tanto do lado dos supremacistas brancos quanto de quem protestou contra eles. Mais tarde, ele pediu desculpas por isso. Mesmo que não haja evidências de que Trump seja antissemita, é inegável que ele fomentou, mesmo que indiretamente, posicionamentos extremistas.

Em parte, isso pode ser explicado pelas muitas ideias políticas defendidas pelo republicano (sobretudo seu nacionalismo exacerbado), as quais acabam por atrair adeptos mais propensos a opiniões xenofóbicas e preconceituosas. Uma pesquisa realizada uma semana antes das eleições presidenciais de 2020

---

[37] Jacob Magid e Luke Tress, "Trump's own ex-antisemitism envoy is latest to bash him for Kanye, Fuentes meeting", *The Times of Israel*, 28 de novembro de 2022, <https://www.timesofisrael.com/trump-ex-antisemitism-envoy-simon-wiesenthal-center-latest-to-bash-fuentes-meeting/>.

apontou que mais de 40% de seus eleitores acreditavam que os judeus eram culpados pela morte de Jesus.[38] Isso não significa necessariamente que todas as pessoas que responderam à pesquisa odeiam os judeus — talvez essa estatística seja apenas um reflexo da prevalência do antissemitismo cristão nos Estados Unidos, uma ideia já impregnada no imaginário popular.[39] Porém, é preciso, considerar que há sim antissemitas por trás desses números. Steve Bannon, um dos principais assessores de Trump durante seu mandato, foi demitido do cargo de estrategista da Casa Branca por supostamente apoiar manifestações de grupos supremacistas brancos.[40]

É totalmente possível alguém ser sionista, isto é, apoiar a existência do atual Estado de Israel e o seu direito de autodefesa, e ainda assim nutrir ideias antissemitas, mesmo inconscientemente. Uma das razões que ajuda a explicar esse fenômeno é que para muitos cristãos sionistas, por exemplo, existe uma distinção entre Israel como país e o judaísmo como

---

[38] Paul A. Djupe e Jacob Dennen, "The Anti-Semitism of Christian Nationalists Thanks to QAnon", *Religion in Public,* 26 de janeiro de 2021, <https://religioninpublic.blog/2021/01/26/the-anti-semitism-of-christian-nationalists-thanks-to-qanon/>.

[39] Esse assunto foi bem documentado pelo pesquisador Leonard Dinnestein em *Anti-Semitism in America* (Nova York: Oxford University Press, 1994).

[40] Jonathan Swan, "What Steve Bannon thinks about Charlottesville", *Axios,* 16 de agosto de 2017, <https://www.axios.com/2017/12/15/what-steve-bannon-thinks-about-charlottesville-1513304895> e <https://www.usatoday.com/story/news/politics/2017/08/15/trump-distances-himself-steve-bannon-after-charlottesville/570391001/>. Em entrevista ao professor Benjamim Teitelbaum, Bannon reconhece que algumas ideias defendidas por Donald Trump e a cúpula de seu governo tinham o potencial de atrair antissemitas. Ver Benjamim T. Teitelbaum, *Guerra pela eternidade: O retorno do tradicionalismo e a ascensão da direita populista* (Campinas: Editora Unicamp, 2020).

religião. Seguindo essa lógica, o Estado deve ser apoiado e protegido, ao passo que a religião deve ser vista como uma cosmovisão que rivaliza com a fé cristã.[41] Um caso famoso nesse sentido foi o do grande evangelista Billy Graham que, apesar de ter sido um grande apoiador de Israel e do povo judeu, em conversas vazadas com o presidente Richard Nixon, em 1972, chegou a afirmar que os judeus faziam parte da sinagoga de Satanás.[42] Parte desses diálogos se tornaram públicos apenas em 1995, levando o evangelista a se desculpar junto à comunidade judaica. Outros áudios, porém, foram divulgados apenas em 2022, quatro anos após a sua morte.

No Brasil, a situação guardou alguma semelhança com o que aconteceu durante o governo de Trump — aliás, Bannon também foi um grande aliado da família Bolsonaro. Apesar de buscar alinhar o Brasil a Israel, o governo de Bolsonaro foi marcado por casos de antissemitismo.[43] Talvez o mais grave tenha sido um vídeo produzido pelo então secretário da cultura do governo Bolsonaro, Roberto Alvim, no qual ele emula o discurso e também a estética dos pronunciamentos do ministro da propaganda nazista Joseph Goebbels. Ao som de uma ópera de Richard Wagner — compositor predileto de Hitler

---

[41] Andrew L. Whitehead e Samuel L. Perry, *Taking America Back for God: Christian Nationalism in the United States* (New York: Oxford University Press, 2020), p. 51.

[42] John Fea, "The Nixon Library has released another recording in which Billy Graham and Richard Nixon discuss Jews and the 'Synagogue of Satan'", *Current*, 27 de outubro de 2022, <https://currentpub.com/2022/10/27/the--nixon-library-has-released-another-recording-in-which-billy-graham-and--richard-nixon-discuss-jews-and-the-synagogue-of-satan/>.

[43] Trato desse tema com mais profundidade em meu livro *Por amor aos patriarcas: Reflexões brasileiras sobre antissemitismo e sionismo cristãos* (Brasília: Editora 371, 2020).

OS FARISEUS E A SINAGOGA DE SATANÁS

—, Alvim fez a seguinte declaração: "A arte brasileira da próxima década será heroica e será nacional. Será dotada de grande capacidade de envolvimento emocional e será igualmente imperativa [...] ou então não será nada".[44]

Assim como aconteceu nos Estados Unidos, muitos dos apoiadores de Jair Bolsonaro também pareciam conciliar um discurso politicamente em favor do Estado de Israel enquanto disseminavam estereótipos clássicos do antijudaísmo cristão. Um dos maiores responsáveis por fomentar essa incoerência talvez tenha sido o autoproclamado filósofo Olavo de Carvalho, falecido em janeiro de 2022. Ele foi o principal mentor intelectual e ideológico do governo Bolsonaro e tem um grande acervo de artigos com teor antissemita. Desde 2004, quando a comunidade judaica no Brasil e no mundo passou a condenar o filme *A Paixão de Cristo*, de Mel Gibson, por supostamente retratar todos os judeus como culpados pela morte de Jesus, o pseudofilósofo começou a querer se projetar como um especialista no assunto.[45]

Olavo fazia questão de amenizar os séculos de antissemitismo cristão e insistia em dizer que os atuais inimigos dos judeus seriam também os mesmos adversários do cristianismo: o islã e a esquerda. Além disso, ele reforçava a distinção entre os bons judeus (aqueles mais inclinados aos valores de

[44] Gil Alessi, "Secretário da Cultura de Bolsonaro imita fala de nazista Goebbels e é demitido", *El País*, 17 de janeiro de 2020, <https://brasil.elpais.com/brasil/2020-01-17/secretario-da-cultura-de-bolsonaro-imita-discurso-de-nazista-goebbels-e-revolta-presidentes-da-camara-e-do-stf.html>.

[45] Michel Gherman, *O não judeu judeu: A tentativa de colonização do judaísmo pelo bolsonarismo* (São Paulo: Fósforo Editora, 2022).

direita) e os maus judeus, obviamente, os mais identificados com pautas progressistas. Em 2016, Olavo chegou a escrever:

> Certos judeus espertalhões, como Karl Marx, os Rothschilds, o George Soros, fazem os demais judeus de trouxas com uma facilidade impressionante. Mas aí a explicação não pode ser linguística. Deve ser algum atavismo patriótico. Cada judeu acha que todo judeu de nascença é judeu como ele, e acredita no filho da p... como se ele fosse seu tio ou seu avô. Nunca ouviram falar da Sinagoga de Satanás, "aqueles que dizem que são judeus, mas não o são".[46]

Essa fala de Olavo de Carvalho denota uma espécie de antissemitismo parcial, já que parece sugerir que "a sinagoga de Satanás" não é composta por todos os judeus, mas apenas por aqueles mais alinhados à esquerda. É como se houvesse um tipo de antissemitismo aceitável e até mesmo justificável caso fosse direcionado a judeus de determinado espectro político. Obviamente, essa proposta não se sustenta, pois ignora toda a diversidade e complexidade política e religiosa do judaísmo moderno. Os próprios fundadores do Estado de Israel, assim como muitos dos primeiros sionistas, não eram religiosos. Além disso, até a década de 1990, Israel foi governado principalmente pelo Partido Trabalhista.

Ademais, a definição sobre quem é ou não judeu deve caber apenas aos próprios judeus e à comunidade judaica, não a nós, cristãos. Usar qualquer texto bíblico, como Apocalipse 2.9 e 3.9, a fim de justificar certos preconceitos não apenas viola as regras de interpretação bíblica utilizadas pela maioria dos teólogos e

---

[46] Esse texto foi publicado por Olavo de Carvalho em seu perfil no Facebook no dia 29 de dezembro de 2016.

exegetas cristãos (os quais buscam, primeiro, entender a passagem em seu contexto original antes de aplicá-la à realidade atual), mas também é irresponsável, uma vez que pode até mesmo fomentar casos extremos de violência contra os judeus.

De acordo com uma pesquisa feita pela organização não governamental Combat Antisemitism Movement, desde outubro de 2022, quando Kanye e Kyrie Irving fizeram seus comentários antissemitas, as menções ao termo "sinagoga" no X (antigo Twitter) dobraram. Dentre todas essas ocorrências, cerca de 20% fazem parte da expressão "sinagoga de Satanás". Paralelamente, a ONG também documentou que nos meses seguintes a essa tendência nas redes sociais, observou-se um aumento significativo dos ataques a sinagogas ao redor do mundo: ao todo, 33 locais de culto foram alvejados ao redor do mundo, e desses ataques 12 aconteceram nos Estados Unidos.[47] Isso não significa que houve uma relação direta entre os dois fenômenos, embora haja razões para acreditar que o aumento do uso do termo "sinagoga de Satanás" esteja sim relacionado aos atos de vandalismo. Atentados assim parecem seguir um padrão: os criminosos primeiro começam a consumir conteúdo radical on-line, depois passam a adotar estereótipos antijudaicos de origem cristã e, por fim, partem para sacramentar seu ódio.

Entretanto, como explicitado no início deste capítulo, o antissemitismo não está restrito a um único lado do espectro ideológico. Muito pelo contrário. Esse é um preconceito que

---

[47] Network Contagion Research Institute e Combat Antisemitism Movement, "The 'Synagogue of Satan': Uniting extremist groups in the revival of an antisemitic libel online", maio de 2023, <https://networkcontagion.us/wp-content/uploads/SynagougeOfSatanReport.pdf>.

está acima de qualquer ideologia. O mesmo também pode ser afirmado acerca do antijudaísmo cristão, o qual, à esquerda, traveste-se de outro nome, uma designação mais palatável, porém não menos nociva: o antissionismo cristão.

4

O Jesus palestino

O cristianismo e o conflito israelo-palestino

Do povo de Israel vêm os patriarcas, e o próprio
Cristo, quanto à sua natureza humana, era israelita.
E ele é Deus, aquele que governa sobre todas as
coisas e é digno de louvor eterno! Amém.

ROMANOS 9.5

Uma das principais maneiras pelas quais o antissemitismo se manifesta em setores da esquerda é por meio do antissionismo, ou seja, a oposição ao direito do povo judeu de ter seu próprio Estado. Como afirma a definição da International Holocaust Remembrance Alliance, isso não significa que toda crítica ao atual Estado de Israel seja classificada como antissemitismo, contudo tentar deslegitimá-lo ou pedir pela sua destruição certamente é um tipo de manifestação que incorre nesse tipo de preconceito. Quando se trata da relação da fé cristã com o conflito israelo-palestino, muito se fala acerca do sionismo cristão e do apoio evangélico a Israel. No entanto, também existe um movimento oposto, que parte da teologia cristã para se opor a Israel ao mesmo tempo que defende o nacionalismo palestino.

O antissionismo cristão

As evidências do retorno do antissemitismo religioso não se resumem aos atos mais radicais e violentos. Algumas denominações evangélicas mais progressistas, como a Igreja Presbiteriana dos Estados Unidos (PCUSA),[1] com quase 2 milhões de membros, é conhecida por suas ações anti-Israel com base na teologia da substituição, a ideia de que a igreja substituiu Israel como povo escolhido por Deus. Essa foi a principal resposta dada pelos primeiros cristãos diante do desafio de lidar com as menções da Bíblia hebraica à aliança entre Deus e a nação de Israel, e as consequências desse tipo de ensino na igreja primitiva e durante a Idade Média foram trágicas. Por isso, após o Holocausto, várias denominações tradicionais (Igreja Católica Romana, a Igreja Anglicana, a Igreja Luterana e a Aliança Evangélica Mundial) revisaram seus ensinos sobre esse tema.[2]

Ainda assim, a teologia da substituição continua sendo adotada e defendida por muitos cristãos ao redor do mundo. Atualmente, essa doutrina tem o potencial de se tornar muito mais do que uma simples contenda teológica, uma vez que também assume certa relevância política em razão da existência do Estado de Israel. Em suma, essa doutrina tem o potencial de contribuir ou dificultar o diálogo entre judeus e cristãos. A ideia de que a aliança entre Deus e o povo judeu foi anulada pode gerar visões políticas bastante hostis ao Estado judeu, como ocorreu durante os primeiros anos do movimento sionista. Em janeiro de 1904, quando Theodor Herzl (o fundador do sionismo) reuniu-se com o Papa Pio X a fim de buscar apoio do Vaticano para a ideia de levar os judeus de volta à terra prometida, no

---

[1] Vale ressaltar que a PCUSA não possui nenhum tipo de vínculo com a Igreja Presbiteriana do Brasil.

[2] O Council of Centers on Jewish-Christian Relations fez um compilado de todas as declarações e documentos emitidos por denominações cristãs acerca dos judeus e de Israel: <https://www.ccjr.us/dialogika-resources/documents-and-statements/protestant-churches/int>.

O JESUS PALESTINO

Oriente Médio, escutou a seguinte resposta: "Os judeus não reconhecem nosso Senhor, portanto não podemos reconhecer o povo judeu nem sua aspiração a uma existência nacional".[3]

Atualmente, mesmo após o sionismo ter alcançado seu objetivo, em 1948 — inclusive com o apoio de muitos cristãos —, argumentos teológicos continuaram a ser defendidos, tanto por cristãos árabes quanto ocidentais, a fim de deslegitimar Israel. Muitas denominações históricas liberais nos Estados Unidos e na Europa, como a Igreja Presbiteriana dos EUA, a Igreja Metodista Unida, a Igreja Unida de Cristo e a Igreja Episcopal têm discutido e, em alguns casos, adotado várias medidas de apoio ao movimento de boicote e sanções contra Israel (BDS, na sigla em inglês). Esse grupo conta com o apoio de diversos deputados do Partido Democrata norte-americano e de celebridades como o ex-baixista da banda Pink Floyd, Roger Waters.[4]

Noa Tishby, enviada especial de Israel para o combate ao antissemitismo e à deslegitimização, afirmou em seu livro *Israel: uma nação fascinante e incompreendida*,[5] que, apesar da retórica focada na suposta promoção dos direitos humanos dos palestinos, o BDS ignora os abusos cometidos pelas próprias lideranças palestinas, como o grupo terrorista Hamas. Não é à toa que muitas das celebridades que apoiam o

[3]Raphael Patai (ed.), *The Complete Diaries of Theodor Herzl* (Londres: Grosset & Dunlap, 1960), vol. 4, p. 1593-4.
[4]O Boycott, Divestment, Sanctions (BDS) é um movimento liderado por entidades palestinas e que busca promover sanções contra Israel até mesmo pressionando empresas e marcas que direta ou indiretamente apoiam Israel. Para saber mais sobre o BDS: <https://bdsmovement.net/what-is-bds>.
[5]Noa Tishby, *Israel: Uma nação fascinante e incompreendida* (São Paulo: Contexto, 2022).

movimento estão também envolvidas em uma série de escândalos de antissemitismo. Durante um show em Berlim, por exemplo, Roger Waters usou uma roupa que se assemelhava ao uniforme da SS, a polícia nazista, e ainda relativizou o Holocausto ao comparar o assassinato de Anne Frank com a morte da jornalista cristã palestina Shireen Abu Akleh, morta por uma bala perdida, em 2022, enquanto cobria conflitos na cidade de Jenin, entre as forças de defesa israelenses e terroristas palestinos. Para piorar, o músico ainda exibiu um porco gigante com uma estrela de Davi — numa clara alusão ao estereótipo antissemita medieval *judensau*.[6]

Nesse sentido, o apoio das igrejas liberais dos Estados Unidos se diferencia um pouco uma vez que está pautado em justificativas religiosas: para alguns setores cristãos do BDS, os sionistas estão basicamente crucificando Jesus mais uma vez ao infligir sofrimento aos palestinos. Isso leva à demonização de Israel, o qual frequentemente é comparado ao próprio Império Romano, reforçando assim a ideia dos judeus como deicidas. Assim, uma vez que os judeus não têm mais vez nos planos de Deus, o antissionismo e a defesa do fim de Israel enquanto um Estado judeu adquirem praticamente uma implicação ética cristã.[7]

Na visão do BDS — e na concepção das igrejas liberais que apoiam essa organização —, os palestinos estão sempre em uma

---

[6] Tzvi Joffre, "Roger Waters dresses up as SS officer, compares Anne Frank to Abu Akleh", *The Jerusalem Post*, 24 de maio de 2023, <https://www.jpost.com/diaspora/antisemitism/article-744072>.

[7] Cary Nelson, "The political and theological foundations of Christian engagement with the Jewish state", in: Cary Nelson e Michael C. Gizzi (eds), *Peace and Faith: Christian Churches and the Israeli-Palestinian Conflict* (Boston: Academic Studies Press, 2021), p. 42.

situação inferior, sem qualquer tipo de auxílio da comunidade internacional — o que é falso. Assim, embora reconheçam que há sofrimento nos dois lados do conflito palestino-israelense, geralmente estão convencidos de que os palestinos sofrem muito mais. Portanto, Israel precisa ser responsabilizado, seja com um boicote cultural, acadêmico ou econômico. A maioria dessas denominações defende uma espécie de teologia da libertação que é bastante hostil a Israel. Um exemplo disso é o Sabeel, centro ecumênico formado em 1990 pelo reverendo anglicano Naim Ateek que defende a dissolução de Israel para a criação de um Estado binacional.

A teologia palestina da libertação

A chamada teologia da libertação emergiu entre as décadas de 1960 e 1980 nos círculos católicos como uma tentativa de estabelecer um diálogo entre o cristianismo e o marxismo. Uma das principais características dessa abordagem teológica é o foco nos oprimidos e nos males sociais. Assim, seus proponentes buscam incentivar ações políticas e sociais a fim de enfrentar as estruturas de poder e promover mudanças sociais. Isso afeta diretamente a maneira como a Bíblia é lida e interpretada, privilegiando-se sempre a perspectiva dos mais desafortunados.[8]

Esse movimento foi bastante forte na América Latina por meio de teólogos como Gustavo Gutierrez, Jon Sobrino e Leonardo Boff, este último tendo sido expulso da Igreja

---

[8]Robert A. Cathey, "Where We Live, What We Believe: Thinking Contextually with Ateek, Raheb, and Gregerman about Israel/Palestine", in: *Peace and Faith*, p. 257-60.

Católica nos anos 1990. No caso palestino, um de seus principais proponentes é o já mencionado Naim Ateek. Ele nasceu na região da Palestina, em 1937 e sobreviveu à *Nakba*, o deslocamento forçado de milhares de árabes após a criação de Israel, em 1948. Como muitos de sua geração, ele estudou em vários seminários teológicos de denominações diferentes nos Estados Unidos. Grande parte da teologia da libertação defendida por ele é fruto de sua experiência pastoral no contexto do conflito palestino-israelense e da defesa da resistência pacífica — sua tese de doutorado, que deu origem a seu principal livro, tem o título *Justice, and Only Justice* [Justiça e apenas justiça].

De acordo com o cientista político Samuel Kuruvilla, um dos pioneiros no estudo da teologia palestina da libertação, há várias diferenças importantes entre a proposta de Ateek a maneira como essa doutrina se desenvolveu na América Latina, como, por exemplo, as ferramentas de análise social. Em vez de adotar o marxismo, os palestinos preferiram a abordagem pós-colonial, que faz mais sentido em seu contexto, sobretudo com base nas ideias e críticas literárias produzidas por outro cristão grego ortodoxo nascido em Jerusalém antes da criação de Israel, o escritor Edward Said (1935–2003), conhecido por sua obra *Orientalismo*.[9] A maior semelhança com a teologia latino-americana, porém, é a ênfase na não violência e no diálogo como o caminho para a libertação.[10]

[9] Edward W. Said, *Orientalismo: O Oriente como invenção do Ocidente* (São Paulo: Cia. das Letras, 2007).
[10] Samuel J. Kuruvilla, *Radical Christianity in Palestine and Israel—Liberation and Theology in the Middle East* (Londres: I. B. Tauris & Co. Ltd, 2012), p. 94.

O JESUS PALESTINO

Nesse sentido, é necessário destacar também outro teólogo palestino, Mitri Raheb,[11] pastor e teólogo luterano nascido na Cisjordânia em 1962, cinco anos antes da Guerra dos Seis Dias. Diferentemente de Ateek, em sua tentativa de contextualizar a teologia cristã à realidade palestina, Raheb enfatiza o Antigo Testamento por reconhecê-lo como Escritura Sagrada compartilhada pelos cristãos tanto com os judeus quanto com os muçulmanos. Enquanto Ateek dá maior foco a leituras seletivas da Bíblia hebraica, Raheb encoraja os palestinos a se identificarem com o Deus de Israel, que, no Novo Testamento, torna-se acessível a todos os povos, inclusive aos palestinos. Contudo, apesar de focar mais o aspecto cultural do que político, Raheb ainda assim deixa de lado a narrativa bíblica e histórica a fim de defender a ideia de Jesus como palestino, e não como judeu. Além disso, tece críticas à teologia pós-Holocausto formulada principalmente nos Estados Unidos, na Europa e em Israel, afirmando que ela enfatiza a perpetuação do status dos judeus como vítimas enquanto ignora as aspirações legítimas dos palestinos.[12]

Posições como essas levaram acadêmicos a apontar o retorno de elementos antijudaicos nos escritos da teologia palestina da libertação.[13] Essa teologia não contribui para a compreensão e análise das dimensões políticas do conflito pa-

[11] Raheb é autor dos livros: *I am a Palestinian Christian* (Charlotte: Fortress Press, 1995); *Bethlehem Besieged: Stories of Hope in Times of Trouble* (Minneapolis: Augsburg Fortress Publishers, 2004); e *Faith in the Face of Empire: The Bible through Palestinian Eyes* (Nova York: Orbis Books, 2014).

[12] Naim Ateek, *A Palestinian Theology of Liberation: The Bible, Justice, and the Palestine-Israel Conflict* (Maryknoll: Orbis Books, 2007), p. 32.

[13] Giovanni Matteo Quer, "Israel and Zionism in the Eyes of Palestinian Christian Theologians", *Religions* 10.8 (2019), p. 487; Adam Gregerman,

141

JESUS, UM JUDEU

lestino-israelense, pois, ao analisá-lo de modo dualista e dicotômico, a proposta de autores como Ateek e Raheb acaba sempre retratando os israelenses como opressores e inimigos de Deus, e os palestinos como oprimidos — inocentes que estão sendo crucificados, assim como Cristo. Partindo desse pressuposto, a maioria dos cristãos palestinos tende a abraçar uma narrativa nacional que promove um discurso contrário às políticas de Israel, e que muitas vezes advoga pelo seu fim. O grande problema disso tudo é que as raízes bíblicas do povo judeu estão diretamente atreladas à história judaica. Juntas, elas moldam tanto o sionismo, como um movimento nacional, quanto o discurso legitimador do Estado judeu — ou seja, a existência do Estado de Israel e sua identidade nacional estão diretamente relacionadas à narrativa bíblica. Isso vai de encontro à narrativa palestina e impõe uma série de desafios exegéticos e hermenêuticos aos cristãos que defendem o nacionalismo palestino.

Ateek e Raheb buscam solucionar esse impasse ao retratar o sionismo como uma ideologia contrária aos ensinos universais cristãos, tentando associá-lo a figuras bíblicas que simbolizam opressão, como o Faraó e impérios estrangeiros. Dessa forma, o judaísmo é retratado como uma religião legalista e estéril, sendo o sionismo o resultado de uma leitura étnica e nacionalista das Escrituras. O cristianismo, por sua vez, seria o oposto de tudo isso: trata-se de uma mensagem universal destinada a todos os povos. Isso é, no mínimo, irônico. Ao mesmo tempo que a teologia palestina da libertação denuncia o nacionalismo judaico como algo

"Old wine in new bottles: liberation theology and the Israeli-Palestinian conflict", *Journal of Ecumenical Studies* 41.3/4 (2004), p. 313.

O JESUS PALESTINO

inerentemente injusto e incapaz de criar políticas inclusivas, defende o nacionalismo cristão palestino como um movimento político de libertação baseado na característica inclusiva do cristianismo. Essa ideia, também conhecida como particularismo judaico, é uma concepção propagada pelo próprio cristianismo primitivo e foi retomada na Idade Média não apenas para refutar a teologia judaica, mas principalmente para justificar a ideia de que o desterro dos judeus era uma consequência por não terem reconhecido Jesus como o Messias. Essa visão antijudaica contradiz a própria narrativa da Bíblia hebraica, na qual Israel sempre é descrito como uma luz para as nações (Is 42.6; 49.6).

Também é importante destacar que é possível criticar as bases políticas e até teológicas do sionismo sem recorrer a estereótipos antissemitas. Entretanto, esse não é o caso do Ateek, uma vez que ele faz uso da teologia para acusar Israel de ter transformado a segurança nacional em um ídolo, ignorando por completo todas as justas preocupações do Estado judeu diante de uma série de ameaças, algumas até existenciais. O teólogo também chega a afirmar que os israelenses agem em relação aos palestinos de modo semelhante aos soldados nazistas,[14] uma afirmação que se enquadra na atual definição de antissemitismo da IHRA. Raheb, por sua vez, propõe uma nova hermenêutica bíblica, segundo a qual o Israel moderno enquanto Estado é interpretado como uma entidade imperialista, comparada aos babilônios, ao Império Romano e até mesmo aos cruzados. Nessa proposta hermenêutica, os personagens bíblicos históricos são substituídos por atores do atual conflito

[14] Naim Ateek, *A Palestinian Christian Cry for Reconciliation* (Nova York: Orbis Books, 2008), p. 47, 95.

árabe-israelense: os militantes palestinos tomam o lugar dos ze-
lotes, os rebeldes judeus que combateram o Império Romano;
os fariseus, por sua vez, se tornam a conservadora Irmandade
Muçulmana; as elites palestinas atuais substituem os saduceus;
já os palestinos que colaboram com Israel são vistos como os
cobradores de impostos. Por fim, os ultraconservadores muçulmanos salafistas são vistos como a comunidade de Qumran.[15]

Essa interpretação apaga por completo o significado judaico
da narrativa bíblica, substituindo-a por uma narrativa nacionalista palestina de libertação. A consequência desse raciocínio é
que todo cristão tem o dever de fazer oposição ao sionismo e
à própria existência de Israel como país. Isso é bastante pro-
blemático por diversas razões, pois passa a ideia enviesada de
que o nacionalismo judeu é anticristão, ao mesmo tempo que
o nacionalismo palestino é a máxima expressão do pluralis-
mo dentro da fé cristã. Nesse sentido, a teologia palestina da
libertação, na prática, acaba sendo apenas mais uma forma de
teologia da substituição, só que desta vez aplicada ao próprio
Cristo, o qual, nessa hermenêutica contextual, acaba perdendo
sua identidade judaica e sendo transformado em um palestino.
Muitas vezes, até mesmo sua crucificação chega a ser comparada ao sofrimento dos palestinos infligido pelo Estado de Israel,
o que reforça o estereótipo dos judeus como um povo deicida.

O deicídio do Jesus palestino

Como ressalta Amy Jill-Levine em seu importante livro *The
Misunderstood Jew*, qualquer tentativa de separar Jesus e seus
primeiros seguidores de sua identidade judaica, associando-os

[15] Raheb, *Faith in the Face of Empire*, p. 74-81.

O JESUS PALESTINO

com a população palestina e aplicando o termo "judeu" para aqueles que crucificaram Jesus e perseguiram a igreja, é algo historicamente insustentável — além de ser também uma aberração do ponto de vista teológico. Nesse aspecto, a autora destaca algumas falas de Naim Ateek em 2001. Em um sermão proferido na Universidade de Notre Dame, intitulado "A ideologia sionista de dominação *versus* o reino de Deus", o teólogo palestino comparou as políticas israelenses em relação aos palestinos com a pedra colocada no túmulo de Jesus. No mesmo ano, na Páscoa, o clérigo chegou a comparar a crucificação de Jesus com o sofrimento dos palestinos, afirmando que "o sistema israelense de crucificação" operava diariamente. Para Levine, o problema dessas falas não está no fato de que elas destacam o sofrimento dos palestinos, o que é real, mas, sim, em seu intuito de separar Jesus de seu judaísmo, além de usar a história da Paixão para condenar todos os judeus. Isso não é uma mensagem "cristã", mas um antissemitismo disfarçado para descrever Israel como o país que assassinou o Filho de Deus.[16] A questão, portanto, não é a legitimidade da causa palestina, tampouco suas demandas por um Estado nacional, mas sim os meios utilizados para alcançá-los.

Concordo plenamente com a autora. Nos últimos anos é possível observar uma tentativa grotesca de ativistas pró-Palestina de se apropriar da identidade de Jesus para fins políticos — uma estratégia semelhante à dos nazistas, que buscaram criar um Jesus ariano. Ressalto, porém, que não estou comparando os teólogos nazistas com os teólogos palestinos da libertação, até porque muitos destes, incluindo Nateek e Rahed,

---

[16] Amy-Jill Levine, *The Misunderstood Jew: The Church and the Scandal of the Jewish Jesus* (São Francisco: HarperSanFrancisco, 2006), p. 183-4.

145

JESUS, UM JUDEU

não negam que Jesus foi um judeu, apesar de buscar retratá-lo como palestino, uma estratégia cada vez mais comum para atacar Israel e, por conseguinte, promover o antissemitismo.[17]

Praticamente todos os anos, quando vai se aproximando o período do Advento e do Natal, os ativistas pró-Palestina começam a inundar as redes sociais com imagens de Maria e José impedidos de entrar em Belém, hoje parte da Cisjordânia. As artes geralmente mostram o muro que hoje separa o território palestino de Israel, bem como soldados israelenses armados. A mensagem é clara: Jesus é um refugiado palestino e, em virtude do conflito, caso nascesse hoje, seus pais não teriam como entrar em Belém visto que a cidade estaria debaixo de domínio estrangeiro. Um dos principais textos utilizados para afirmar que Jesus é um refugiado é Mateus 2, que mostra José e Maria fugindo para o Egito, logo após o nascimento da criança. Porém, em momento algum a narrativa bíblica menciona o termo "Palestina".[18] Muito pelo contrário, o Evangelista deixa claro que Belém fazia parte do território de Israel:

[17] É importante mencionar que também existem iniciativas cristãs menos sectárias nos que diz respeito à defesa da causa palestina. Um exemplo disso é a conferência Christ at the Checkpoint (algo como "Cristo no posto de controle da fronteira"), realizada a cada dois anos por cristãos evangélicos da Faculdade Bíblica de Belém. O objetivo do evento é criticar o sionismo cristão e buscar apoio para os palestinos. Ainda assim, os organizadores mostram-se abertos ao diálogo e sempre convidam palestrantes que discordam de seu ponto de vista teológico.

[18] Aliás, nenhum lugar do Novo Testamento menciona a Palestina, uma vez que o termo passou a ser designado para descrever a região apenas em 70 d.C. justamente em uma tentativa romana de apagar as conexões judaicas com o território.

146

O JESUS PALESTINO

Quando Herodes morreu, um anjo do Senhor apareceu em sonho a José, no Egito. "Levante-se", disse o anjo. "Leve o menino e a mãe de volta para a terra de Israel, pois já morreram os que tentavam matar o menino." Então José se levantou e se preparou para voltar à terra de Israel com o menino e sua mãe.

Mateus 2.19-21

Portanto, se adotarmos o anacronismo a fim de situar Jesus no atual conflito entre palestinos e israelenses, é possível afirmar que, se nascesse hoje, seus pais realmente seriam impedidos de chegar a Belém, mas não por causa das forças de Israel. José e Maria, por serem cidadãos israelenses, seriam proibidos de entrar na cidade, pois hoje ela é governada pela Autoridade Palestina. Caso desobedecessem às regras, correriam o risco de serem sequestrados ou hostilizados pela população local, como já aconteceu com turistas que entraram por engano em território palestino em um carro com placa israelense.

Apesar disso, é muito comum que ativistas e políticos pró-Palestina insistam na ideia historicamente inconsistente segundo a qual Jesus era um palestino. Um exemplo disso é a controversa congressista norte-americana Ilhan Omar, do Partido Democrata. De origem somali, ela é a primeira mulher refugiada e muçulmana a ocupar um cargo legislativo nos Estados Unidos e já se envolveu em várias polêmicas antissemitas. Uma delas foi em abril de 2019, quando compartilhou no X um artigo do *The New York Times* que insistia na ideia de que Jesus era palestino. Como lembrou o ativista David Parsons em um artigo para o *The Jerusalem Post*, esse pode até parecer um erro inocente, mas na verdade há todo um histórico de esforço sistemático a fim de atrair simpatia para a causa palestina usando a figura de Jesus. A origem dessa estratégia remonta à década de 1970 com o líder da Autoridade Nacional Palestina, Yaser Arafat. Em uma conferência realizada em Amã, na Jordânia, em 1970, ele foi fotografado próximo a uma imagem de um palestino seminu crucificado em uma estrela de Davi, uma imagem que Arafat explorou à exaustão em seus discursos. Em uma coletiva de imprensa na ONU, em 1983, Arafat afirmou que Jesus foi o primeiro guerrilheiro palestino a carregar sua espada. Depois, em 1995, ao assumir o controle de Jerusalém, afirmou estar libertando a cidade do nascimento do Messias, o palestino Jesus.

A tentativa de apagar a judaicidade de Jesus por Arafat era algo tão forte que, ao se encontrar com o Papa João Paulo II, no Vaticano, ele descreveu o pontífice como o sucessor de Pedro, o primeiro papa palestino. Essa tendência, infelizmente, passou a ser reproduzida por outros líderes da Autoridade Nacional Palestina, como Mahmoud Abbas, que sucedeu Arafat. Abbas descreveu Jesus como um mensageiro palestino de amor, justiça e paz. Outro líder proeminente do governo palestino, Saeb Erekat, chegou a afirmar que Jesus foi o primeiro mártir palestino. Tudo isso, contudo, não passa de uma distorção histórica e da repetição do libelo antijudaico de que os judeus são culpados pela morte de Cristo.[19]

Um exemplo recente da presença desse estereótipo aqui no Brasil foi uma publicação do Monitor do Oriente (MEMO), um site que constantemente produz conteúdo antissemita e contra Israel. Em fevereiro de 2023, eles postaram

---

[19] Essa, infelizmente, foi uma tendência popularizada até mesmo pelo importante intelectual palestino Edward Said, que no documentário *My Beautiful Old House*, produzido pela BBC, em 1988, afirmou que os palestinos viviam um Calvário sem fim, uma crucificação constante.

a charge na qual um Jesus crucificado, vestindo no pescoço a *keffiyeh*, o tradicional lenço que se tornou símbolo da luta nacional palestina, chutava um judeu que tentava martelar um prego em seu pé. A ideia por trás do desenho é clara: Jesus é palestino e está sendo crucificado outra vez pelos judeus. A charge foi publicada no contexto de uma série de ataques que estavam acontecendo em Jerusalém por parte de radicais judeus contra igrejas cristãs. Para muitos analistas políticos que estudam a região, o crescimento desses ataques tem relação direta com a ascensão da extrema-direita em Israel, cujos representantes costumam fazer vistas grossas para esse tipo de atentado. Casos assim também ilustram a realidade de que Israel tem enfrentado dificuldades para assegurar a liberdade religiosa dos cristãos. Em 2023, dois membros do Knesset, o parlamento israelense, propuseram uma legislação para proibir o proselitismo religioso cristão em Israel. A proposta claramente violava o Artigo 18 da Declaração Universal dos Direitos Humanos[20] e foi condenada por vários evangélicos sionistas americanos bem como pelo ex-embaixador americano para liberdade religiosa, Sam Brownback, indicado por Trump e pelo primeiro-ministro de Israel, Benjamin Netanyahu.[21]

---

[20] "Todo ser humano tem direito à liberdade de pensamento, consciência e religião; esse direito inclui a liberdade de mudar de religião ou crença e a liberdade de manifestar essa religião ou crença pelo ensino, pela prática, pelo culto em público ou em particular". A Declaração completa pode ser lida em: <https://www.unicef.org/brazil/declaracao-universal-dos-direitos-humanos>.

[21] Joel Rosenberg, "EXCLUSIVE: Two Knesset members propose legislation to outlaw sharing the Gospel in Israel and send violators to prison. Could it become law?", *All Israel News*, 19 de março de 2023, <https://

Para piorar a situação, pouco depois, durante a tradicional celebração do fogo sagrado realizada pela Igreja Ortodoxa na Igreja do Santo Sepulcro, a polícia israelense entrou em confronto com alguns fiéis. O motivo alegado pelas autoridades foi que, por medidas de segurança, o número de pessoas dentro da igreja deveria ser drasticamente reduzido, já que o local não possuía saídas de emergência. Apesar disso, muitos cristãos não aceitaram os limites impostos pela polícia e tentaram entrar no local mesmo assim. Na tentativa de impedi-los, houve alguns atritos com a polícia, suficientes para gerar imagens que seriam usadas à exaustão para acusar Israel de violar a liberdade religiosa.[22] Situações assim têm o potencial de gerar uma crise na imagem do país no exterior, sobretudo entre os evangélicos, um dos principais grupos apoiadores do Estado judeu nos Estados Unidos e também no Brasil.[23]

Os cristãos palestinos vivem um dilema, pois são minoria tanto no Estado judeu quanto nos territórios palestinos, governados pela Autoridade Palestina e pelo Hamas. E por mais democrático que Israel seja, é inegável que as minorias enfrentam mais dificuldades, como, na verdade, acontece em todos

allisrael.com/exclusive-two-knesset-members-propose-legislation-to outlaw-sharing-the-gospel-in-israel-and-send-violators-to-prison-could-it-become-law>.

[22] "Christians flock to Jerusalem Holy Fire ritual; minor police scuffles over crowd size", *The Times of Israel*, 15 de abril de 2023, <https://www.timesofisrael.com/christians-flock-to-jerusalem-holy-fire-ritual-scuffles-with-police-over-crowd-size/>.

[23] Lazar Berman, "As attacks on Christians become more frequent, a crisis looms for Israel", *The Times of Israel*, 30 de março de 2023, <https://www.timesofisrael.com/as-attacks-on-christians-become-more-frequent-a-crisis-looms-for-israel/>.

O JESUS PALESTINO

os países — nenhuma democracia está isenta desse problema. O Brasil, apesar de ter a liberdade religiosa assegurada pela Constituição, tem visto nos últimos anos não apenas um aumento nos casos de antissemitismo, mas também de ataques a templos de religião de matriz africana. É claro que o caso israelense é muito mais complexo, sobretudo em Jerusalém, onde a questão da própria cidadania palestina não é algo totalmente resolvido, ainda como consequência da Guerra dos Seis Dias, em 1967, já que ao final desse conflito Israel conquistou muitos territórios antes ocupados por autoridades árabes como a Cisjordânia e a Faixa de Gaza. Apesar disso, a comunidade cristã em Israel cresceu 1,4% em 2020, totalizando cerca de 182 mil pessoas, o equivalente a quase 2% da população israelense. No geral, 84% dos cristãos israelenses afirmam estar satisfeitos com a vida no Estado judeu.[24] Isso contrasta com a situação das populações cristãs em todos os demais países do Oriente Médio, inclusive nos territórios palestinos, que têm registrado uma diminuição cada vez maior do número de cristãos entre seus habitantes.[25]

Uma pesquisa realizada em 2020 pelo Palestinian Center for Policy and Survey Research em parceria com o The Philos Project (organização da qual faço parte) apontou que a porcentagem de cristãos que desejam emigrar da Cisjordânia

---

[24] "Israel's Christian community is growing, 84% satisfied with life here", *The Times of Israel*, 22 de dezembro de 2021, <https://www.timesofisrael.com/israels-christian-community-is-growing-84-satisfied-with-life-here-report/>.

[25] Isso sem considerar a Faixa de Gaza, controlada pelo Hamas, de onde os números exatos são mais difíceis de serem obtidos. Lá a situação dos cristãos é bastante difícil devido à perseguição imposta pelo grupo terrorista, algo que piorou após a guerra iniciada depois dos ataques do Sete de Outubro.

é o dobro da dos muçulmanos. As causas para isso podem envolver tanto questões relacionadas ao controle israelense quanto o temor de sofrer ataques de grupos muçulmanos salafistas, como o Hamas. A pesquisa também mostrou que, apesar de afirmarem estar integrados à sociedade, os cristãos palestinos ainda sofrem certo grau de discriminação por parte da maioria muçulmana. Ainda assim, 60% deles afirmam que sua identidade palestina é mais importante do que a sua identidade cristã.[26] De acordo com um censo realizado pela Autoridade Palestina, em 2017, havia na Cisjordânia cerca de 47 mil cristãos, o equivalente a apenas 1% da população. Em 1946, durante o mandato britânico e antes da criação de Israel, os cristãos correspondiam a 8% da população total do que hoje são os territórios israelense e palestino, o equivalente aproximadamente 145 mil pessoas.[27] As causas do deslocamento forçado dos cristãos palestinos são multifacetadas e não podem se resumir apenas às políticas israelenses, uma vez que a administração do Hamas nessas regiões também oprime outros grupos religiosos.[28] Isso é confirmado pelos dados da Missão Portas Abertas, que, em 2023, classificou os territórios palestinos entre os sessenta países que mais perseguem os cristãos.[29]

---

[26] Palestinian Center for Policy and Survey Research, "Migration of Palestinian Christians: Drivers and Means of Combating it: Results of a public opinion poll among Palestinian Christians", janeiro-fevereiro de 2020, <https://pcpsr.org/en/node/806>.

[27] "Israel's Christian community is growing, 84% satisfied with life here", *The Times of Israel*.

[28] Janine Di Giovanni, *The Vanishing: The Twilight of Christianity in the Middle East* (Londres: Bloomsbury Publishing, 2021).

[29] Missão Portas Abertas, "Territórios Palestinos, 2023", <https://portas abertas.org.br/lista-mundial-da-perseguicao/territorios-palestinos>.

O JESUS PALESTINO

Essa lista contém praticamente todos os países árabes vizinhos de Israel e da Palestina; o que levanta alguns questionamentos importantes sobre as ideias difundidas pela teologia da libertação palestina, segundo as quais apenas o nacionalismo judaico, isto é, o sionismo, é um problema na região. Esses questionamentos tornam-se ainda mais necessários diante da reação dos cristãos árabes à guerra entre Israel e o Hamas após o massacre do Sete de Outubro.

Igrejas em tempos de guerra

Um dos primeiros livros que li sobre o Oriente Médio e o conflito israelo-palestino foi *Força da luz*,[30] do Irmão André, fundador da Missão Portas Abertas. Na obra, ele descreve sua experiência com os cristãos árabes no Líbano, na Cisjordânia e na Faixa de Gaza durante operações militares israelenses. Uma das coisas que me chamou atenção nas histórias relatadas por ele foi sua insistência no fato de que em praticamente todas as zonas de conflitos internacionais há uma igreja sofrendo e carente do apoio de seus irmãos cristãos ao redor do mundo.

Isso ficou claro em 2023, na guerra entre Israel e o Hamas na Faixa de Gaza. No Natal daquele ano, um vídeo com as imagens de um presépio na Igreja Luterana da Cisjordânia se popularizou nas redes sociais. Nele, o menino Jesus aparece envolto em um *keffiyeh* e deitado em meio a escombros. A mensagem central é que se Jesus fosse nascer naquele momento, ele provavelmente seria morto por um bombardeio israelense assim como muitas crianças palestinas. Essa ideia também ficou

---

[30] Irmão André e Al Jansen, *Força da luz: A única esperança para o Oriente Médio* (São Paulo: Vida, 2005).

evidente em um sermão do pastor Munther Isaac, adepto da teologia palestina da libertação. Durante sua pregação no dia 23 de dezembro daquele ano, a qual foi destaque até mesmo na revista *Time*, ele enfatizou que Jesus nasceu entre os sitiados e marginalizados.[31] Ignorando completamente a identidade judaica de Jesus, Isaac fez um forte discurso político conclamando os cristãos ocidentais a adotar uma medida crítica contra Israel e deixou claro que a mensagem do Natal naquele ano é que o genocídio na Faixa de Gaza deveria ter fim.

Vale ressaltar que não há consenso entre os especialistas se a ação militar israelense contra o Hamas pode ser considerada como genocídio. A Corte Internacional de Justiça, por exemplo, nunca condenou Israel oficialmente por esse crime. Com base na minha formação como cientista político, também não acredito que seja correto atribuir a Israel a acusação de genocídio, já que de acordo com a Convenção para a Prevenção e a Repressão do Crime de Genocídio de 1948 (da qual Israel é, obviamente, signatário em razão do Holocausto) é preciso que haja uma intenção clara de tentar "destruir no todo ou em parte, um grupo nacional, étnico, racial ou religioso".[32] No entanto, desde o Sete de Outubro, o que o Estado judeu tem buscado fazer, além de se defender, é destruir o Hamas, o grupo terrorista que controla a Faixa de Gaza. Apesar do lamentável alto número de casualidades

---

[31] Nurah Tape, "We Have to Take Sides – rev. Munther Isaacs Says Gaza Genocide Has Divided the World", *The Palestine Chronicle*, 7 de maio de 2024, <https://www.palestinechronicle.com/we-have-to-take-sides-rev-munther-isaacs-says-gaza-genocide-has-divided-the-world/>.

[32] United Nations Audiovisual Library of International Law, "Convention on the Prevention and Punishment of the Crime of Genocide", <https://legal.un.org/avl/pdf/ha/cppcg/cppcg_ph_e.pdf>.

civis — uma estatística incerta, uma vez que a principal base de dados é o Ministério da Saúde de Gaza controlado pelo próprio Hamas —, o objetivo de Israel com a guerra nunca foi exterminar o povo palestino. Prova disso foram os esforços para permitir a entrada de ajuda humanitária no enclave e impedir que os terroristas roubassem e assim matassem os civis por inanição.[33]

Ainda assim, em diversas ocasiões, Munther Isaac enfatizou que os cristãos não poderiam adotar uma posição neutra nesse conflito: era preciso escolher o "lado certo da história".[34] Embora critique os cristãos sionistas por, segundo ele, instrumentalizar a Bíblia para fins políticos,[35] fica evidente que o teólogo palestino também busca utilizar as Escrituras para justificar sua própria posição ideológica em relação não apenas à guerra entre Israel e o Hamas, mas ao conflito israelo-palestino como um todo. Mesmo assim, é possível ter simpatia pelo rev. Isaac. Ele nasceu na Cisjordânia e, durante toda sua vida, viveu na pele diversos episódios traumáticos envolvendo essa disputa territorial que já dura mais de sete décadas. Em um de seus livros, ele descreve bem as crises de fé pelas quais passou durante a juventude ao tentar lidar com o sionismo cristão e com a maneira como textos do Antigo Testamento eram utilizados por muitos cristãos para oprimi-lo e para

---

[33] Jeremy Sharon, "New study finds food supply to Gaza more than sufficient for population's needs", *The Times of Israel*, 24 de maio de 2024, <https://www.timesofisrael.com/new-study-finds-food-supply-to-gaza-more-than-sufficient-for-populations-needs/>.

[34] Tape, "We have to take sides".

[35] Ashfaaq Carim, "Munther Isaac interview: Gaza, living under occupation, and Christian Zionism", *Embrace the Middle East*, <https://embraceme.org/blog/munther-isaac-interview-gaza-occupation-christian-zionism>.

tentar justificar o sofrimento do povo palestino.[36] Eu seria insensível — e até mesmo hipócrita — se não me solidarizasse com esse pastor. Afinal, este livro é justamente o resultado de várias crises de fé que tive ao perceber como a Bíblia foi e é utilizada para justificar o antissemitismo. De modo geral, o que busco chamar atenção com esta obra é como a Palavra de Deus, viva e eficaz, pode ser utilizada, inclusive pelos cristãos, para promover morte e sofrimento.

Isso se aplica não apenas ao antissemitismo, mas a várias outras questões sociais importantes do nosso tempo, como diferentes manifestações de racismo e homofobia. Apesar de ser um cristão conservador em muitos aspectos, inclusive no que diz sentido à ética sexual, não posso negar que textos bíblicos como Levítico 18 e Romanos 1, por exemplo muitas vezes são utilizados para oprimir e marginalizar homossexuais, incluindo cristãos que sentem atração pelo mesmo sexo. Igualmente, também como um cristão sionista, estou ciente de que textos da Bíblia hebraica podem sim servir de pretexto para a desumanização de árabes e palestinos. Feitas todas essas ressalvas, ainda assim há algo que me incomoda na postura do Munther Isaac e de muitos outros teólogos da libertação palestina. É o fato de eles se colocarem como voz profética ao escolher um determinado lado político, ao mesmo tempo que ignoram suas próprias incoerências, resumindo realidades complexas em uma simples disputa entre oprimido e opressor. Isso é contraproducente, sobretudo no contexto do conflito palestino-israelense, que Amós Oz caracterizou como "uma disputa entre o certo e o certo", tendo em vista a legitimidade (e os

---

[36] Munther Isaac, *The Other Side of the Wall: A Palestinian Christian Narrative of Lament and Hope* (Downers Grove: InterVarsity Press, 2020).

erros) das causas defendidas pelos dois povos. Por isso, não consigo entender como Munther Isaac insiste tanto para que Jesus seja reconhecido na face das crianças palestinas mortas em virtude de bombardeios israelenses contra o Hamas na Faixa de Gaza, mas não menciona que Jesus estar do lado do fraco e do oprimido também significa que ele estaria junto dos israelenses mortos e sequestrados pelos terroristas palestinos no Sete de Outubro. A manjedoura atual de Jesus pode ser encontrada nos escombros de Gaza, mas também nos *kibutzim* destruídos e sujos de sangue no sul de Israel.

Um dia após o Hamas realizar o maior atentado terrorista da história de Israel e de cometer o maior crime antissemita desde o Holocausto, o rev. Isaac pregou em sua igreja em Belém, na Cisjordânia, e mencionou o ocorrido. Durante o sermão, em árabe, Munther Isaac afirmou que o que acontecera no dia anterior foi o desdobramento da tragédia da qual os palestinos eram vítimas desde 1948, quando houve a criação de Israel e cerca de 700 mil árabes foram deslocados forçadamente de suas residências:

> Francamente, quem acompanhou os eventos não ficou surpreso com o que aconteceu ontem. Uma das muitas cenas que me marcou ontem, é a da juventude israelense que celebrava um show ao ar livre, fora das fronteiras de Gaza, e como eles escaparam. Que grande contradição, entre os pobres sitiados, por um lado, e os ricos que celebram como se não houvesse nada atrás do muro. Gaza expõe a hipocrisia do mundo.[37]

[37] Lahav Harkov, "Tucker Carlson's pastor from Bethlehem is the high priest of antisemitic Christianity", *Jewish Insider*, 11 de abril de 2024, <https://jewishinsider.com/2024/04/pastor-munther-isaac-tucker-carlson-antisemitism-israel-christians/>.

Ou seja, para o teólogo, os israelenses que sobreviveram ao ataque são reduzidos a ricos insensíveis, em contraste com os habitantes da Faixa de Gaza, os "pobres sitiados". Perceba que não há nuances nem distinções, nem entre os civis e militares israelenses ou entre os civis palestinos e os terroristas do Hamas. De acordo com esse raciocínio, os israelenses são os opressores, e os palestinos, as vítimas. Não importa o fato de que Israel se retirou da Faixa de Gaza em 2005 e que, em 2007, o Hamas chegou ao poder por meio de um golpe de Estado mantendo, desde então, um regime ditatorial e opressor.[38]

Como cristãos, devemos ter empatia por nossos irmãos árabes. Esses crentes lidam com o desafio constante de manter a fé e a esperança em um contexto político e social conturbado, principalmente para uma minoria religiosa. Muitos desses cristãos da Faixa de Gaza foram diretamente afetados pela guerra de Israel contra o Hamas em resposta aos ataques do Sete de Outubro. Muitos deles perderam suas casas e entes queridos e até mesmo a vida. Logo na primeira semana de conflito, a Igreja greco-ortodoxa de São Porfírio, construída no século 18, e uma das mais antigas do Oriente Médio, foi bombardeada pelo exército israelense, ocasionando a morte de dezoito pessoas.[39]

---

[38] Cerca de vinte dias após o início da guerra entre Israel e o Hamas, o jornalista Jayson Casper, correspondente no Oriente Médio da revista evangélica norte-americana *Christianity Today*, publicou uma matéria analisando nove documentos publicados por organizações cristãs árabes. De acordo com a matéria, esses manifestos não mencionam o Hamas e criticam Israel. Ver Jayson Casper, "Palestinian Evangelicals Call Western Church to Repentance, Criticized in Return", *Christianity Today*, 27 de outubro de 2023, <https://www.christianitytoday.com/news/2023/october/israel-hamas-war-palestinian-christian-mideast-statements.html>.

[39] Nir Hasson, "Over Half of Gaza's Christians Fled as Church Prays for a Devastated Community's Survival", *Haaretz*, 22 de maio de 2024, <https://

O JESUS PALESTINO

Meses depois, duas mulheres cristãs que se refugiavam na Igreja Católica da Santa Família foram mortas por engano por atiradores israelenses. Independentemente do contexto dessas fatalidades, elas deixam claro quanto os cristãos palestinos têm sido diretamente afetados pela guerra. Diante disso, não nos resta alternativa senão seguir as palavras do apóstolo e chorar com os que choram (Rm 12.15).

À luz desse triste contexto, pode até parecer pedante de minha parte expressar qualquer opinião acerca de como os cristãos palestinos devem se portar politicamente ou interpretar o conflito israelo-palestino. Afinal, embora eu tenha um doutorado no assunto, não falo árabe e nunca vivi no Oriente Médio, apesar de minhas muitas viagens à região. Ainda assim, podemos tentar contribuir para essa conversa. Os próprios cristãos palestinos insistem para que os cristãos ao redor do mundo ouçam seu apelo contra o sionismo. Em outubro de 2023, várias instituições e denominações cristãs palestinas publicaram um manifesto em vários idiomas (inclusive em português) intitulado: "Um apelo ao arrependimento: carta aberta de cristãos palestinos aos líderes e teólogos cristãos do Ocidente".[40] O documento, logo no início, menciona o incidente ocorrido na Igreja de São Porfírio e afirma lamentar profundamente "as mortes e o sofrimento de todas as pessoas", já que todos os seres humanos são criados à imagem e semelhança de Deus.

www.haaretz.com/middle-east-news/2024-05-22/ty-article/.premium/ over-half-of-gazas-christians-have-left-the-church-is-fearful-for-the-communitys-future/0000018f-9f9b-d35f-a1df-dfdbeab70000>.

[40] Bethlehem Bible College, "Um apelo ao arrependimento: carta aberta de cristãos palestinos aos líderes e teólogos cristãos do Ocidente", 20 de outubro de 2023, <https://christatthecheckpoint.bethbc.edu/wp-content/ uploads/2023/11/carta-aberta.pdf>.

Não há, contudo, nenhuma menção direta às vítimas judias ou israelenses, tampouco ao Hamas. Muito pelo contrário. O texto afirma que Israel está travando uma guerra contra os palestinos e que os cristãos ocidentais estão agindo equivocadamente ao apoiar o país. Ao se portar assim, essas denominações adotam um padrão duplo e prejudicam o testemunho cristão no Oriente Médio. Várias passagens bíblicas são utilizadas para criticar teologias ocidentais consideradas coloniais, como o sionismo e a noção de guerra justa. Além disso, há uma clara repetição dos principais elementos da narrativa nacionalista palestina, que atribui a Israel uma série de crimes, como racismo, *apartheid*, limpeza étnica e genocídio, infrações que estariam acontecendo desde o estabelecimento do país, em 1948.

A carta ainda menciona diversas vezes que os cristãos palestinos são vítimas diretas das políticas israelenses e cita como exemplo o bombardeio ao Hospital Anglicano Al-Ahli, na cidade de Gaza, em 17 de outubro de 2023:

> O exército israelense utilizou ataques direcionados a civis, como o uso de fósforo branco, o corte de água, combustível e eletricidade, e o bombardeio de escolas, hospitais e locais de culto, incluindo o terrível massacre no Hospital Anglicano-Batista AlAhli e o bombardeio da igreja ortodoxa grega de São Porfírio, que exterminou famílias inteiras de palestinos cristãos.[41]

O número de mortos decorrente desse bombardeio variou entre duzentas e quinhentas pessoas, contudo essa informação foi divulgada (e, provavelmente, deturpada) pelo Hamas, que acusou Israel pelo ocorrido. As Forças de Defesa de Israel, no entanto, negaram a autoria do ataque e ofereceram

[41] Ibid.

O JESUS PALESTINO

evidências disso, deixando claro que a causa da explosão havia sido uma tentativa malsucedida da Jihad Islâmica de atacar a cidade israelense de Haifa, a partir do enclave palestino.[42] Embora um porta-voz do grupo terrorista tenha negado, uma investigação independente conduzida pela Associated Press mostrou que é bem provável que a explosão tenha sido causada por um foguete disparado a partir da própria Faixa de Gaza, confirmando assim narrativa de Israel.[43] Não obstante, não houve qualquer tipo de menção a isso por parte dos cristãos palestinos. Do mesmo modo, a impressão que se tem é a de que Israel é o único responsável pela manutenção do conflito ao longo de mais de sete décadas, ignorando completamente as muitas concessões e tentativas de um acordo de paz feitas por diversos líderes israelenses. Desconsideram-se por completo também as declarações genocidas do Hamas e seu objetivo expresso de destruir Israel.

Isso demonstra que, embora acusem os cristãos ocidentais de terem um padrão duplo em relação ao conflito, os cristãos palestinos também o têm, embora estejam do lado oposto. No fim, os dois grupos legitimam e justificam seus posicionamentos políticos a partir de seus pressupostos teológicos e hermenêuticos. Hoje, entendo o Irmão André quando ele afirma que em todos os conflitos internacionais há cristãos sofrendo. Eu

[42]Emanuel Fabian, "IDF says assessment shows failed Islamic Jihad rocket launch caused Gaza hospital blast", *The Times of Israel*, 17 de outubro de 2023, <https://www.timesofisrael.com/liveblog_entry/idf-says-assessment-shows-failed-islamic-jihad-rocket-launch-caused-gaza-hospital-blast/>.

[43] Michel Biesecker, "New AP analysis of last month's deadly Gaza hospital explosion rules out widely cited vídeo", *Associated Press*, 22 de novembro de 2023, <https://apnews.com/article/israel-palestinians-hamas-war-hospital-rocket-gaza-e0fa550faa4678f024797b72132452e3>.

apenas acrescentaria que, muitas vezes, esse sofrimento não é atenuado pois esses mesmos cristãos não conseguem concordar sobre qual é o lado certo da história, ao qual deveriam se juntar. Esse é um dilema para o qual não tenho resposta: reconheço que do mesmo modo que é preciso desenvolver uma teologia que considere os horrores do Holocausto, também é necessário que ela seja elaborada à luz dos desdobramentos e complexidades do conflito israelo-palestino. É nesse aspecto que a teologia palestina da libertação encontra seu calcanhar de Aquiles, pois, ao adotar lentes pós-coloniais, seus proponentes ignoram por completo o impacto do antijudaísmo cristão e as consequências desse preconceito na história dos judeus na situação atual no Oriente Médio. Ao retratar os israelenses simplesmente como opressores e colonizadores, esses cristãos palestinos incorrem no mesmo erro e parcialidade que apontam e criticam nos cristãos sionistas.

Sei que sou passível de crítica semelhante. Ainda assim, acredito que o novo sionismo cristão proposto Gerald McDermott em *A importância de Israel*,[44] pelo menos tenta evitar equívocos que são comuns a outras formas de sionismo cristão e abre espaço para acomodar as aspirações nacionais palestinas. Em resumo, McDermott defende que a terra que Deus prometeu aos descendentes de Abraão é uma parte importante da aliança divina com os judeus e que não deve ser vista como algo espiritual ou aplicável apenas aos judeus e gentios que creem em Jesus, sendo um elemento importante da história da redenção. Nesse sentido, o estabelecimento do Estado

---

[44] Gerald McDermott, *A importância de Israel: Por que o cristão deve pensar de maneira diferente em relação ao povo e à terra* (São Paulo: Vida Nova, 2020).

de Israel, em 1948, seria uma evidência da fidelidade de Deus em cumprir o que prometera aos patriarcas. Ao mesmo tempo, porém, a fundação de Israel não deve ser interpretada pelos cristãos como o cumprimento definitivo de profecias bíblicas, tampouco deve motivar um apoio irrestrito a todas as políticas israelenses.

Ao evitar especulações sobre o fim dos tempos, o novo sionismo cristão não se opõe, por exemplo, à criação de um Estado palestino e encoraja os cristãos a buscarem a paz entre todos os povos que vivem no Oriente Médio. Também não defende a necessidade da construção de um terceiro templo em Jerusalém ou do cumprimento de determinados eventos geopolíticos como supostos pré-requisitos para a segunda vinda de Jesus.

Assim, é totalmente possível reconhecer a legitimidade do direito à autodeterminação do povo palestino e ainda crer que a aliança de Deus com o povo de Israel é eterna e não foi desfeita após a vinda de Jesus, como afirma Paulo em Romanos 11.28-29. Por outro lado, não há espaço para a autodeterminação judaica e a existência de um Estado judeu dentro das premissas da teologia palestina da libertação — este, a meu ver, é um dos maiores problemas desse sistema teológico. Nesse sentido, do ponto de vista cristão, quais são as garantias de que um movimento nacional palestino seja moralmente superior ao sionismo?

A idolatria do nacionalismo

Como afirma Matthew Schmitz em um artigo no qual comenta a onda de ataques anticristãos ocorridos em Jerusalém, Israel representa o maior triunfo do nacionalismo moderno.

Uma evidência disso é justamente o fato de que, apesar de tudo, o país ainda oferece às minorias religiosas um nível de liberdade superior à existente hoje em praticamente todos os países vizinhos.[45] Basta relembrar a recente tentativa de genocídio por parte do Estado Islâmico contra os cristãos e yazidis na Síria e no Iraque, em 2014.

Apesar disso, com a chegada de líderes de extrema-direita ao poder em 2022, na coalizão formada pelo primeiro-ministro Benjamin Netanyahu, o Estado judeu começou a testar os limites do nacionalismo e isso ficou evidente justamente ao tratamento das minorias, muito antes do Sete de Outubro e do início da guerra contra o Hamas. Ainda assim, há espaço para otimismo. Em entrevista concedida a Schmitz, a dra. Faydra Shapiro, acadêmica judia bastante envolvida no diálogo judaico-cristão em Israel, ressalta que, embora os casos de intolerância religiosa anticristã tenham crescido no país após a chegada dessa coalizão ao poder, houve duras condenações a essas ações por parte de vários setores da sociedade israelense, inclusive por parte de David Lu, o rabino-chefe de Israel. Para Shapiro, é justamente a experiência do antissemitismo que tem inspirado muitos israelenses a se solidarizarem com as minorias cristãs. É interessante notar que, caso Israel consiga passar nesse "teste", diferentemente do que afirmam os teólogos da libertação palestina, será justamente seu caráter judaico que tornará o sionismo um nacionalismo diferente. Logo, o judaísmo, em vez de ser a causa do etnocentrismo e da exclusão, seria, na verdade, o antídoto para esses problemas. Obviamente, o contrário também pode acontecer. O

[45]Matthew Schmitz, "Hazards of Nationalism", *First Things*, maio de 2023, <https://www.firstthings.com/article/2023/05/hazards-of-nationalism>.

Estado de Israel, sob o governo da extrema-direita, pode vir a se tornar racista e excludente como outros nacionalismos. Mas isso também é válido para o próprio nacionalismo palestino. É por essa razão que me oponho às tentativas de equiparar o sionismo ao racismo.

Como afirma o teólogo e cientista político David Koyzis, toda ideologia é uma forma de idolatria e pode levar a fins trágicos. Isso vale também para o nacionalismo, independentemente de qual seja a nação em questão.[46] Em sua resenha do livro *A virtude do nacionalismo,* escrito pelo teórico político conservador israelense Yoram Hazony, Koyzis afirma que o nacionalismo é virtuoso porque evita universalismos imperialistas, mas a experiência mostra que as nações podem se tornar deuses ciumentos. Assim, embora o amor modesto pela nação seja legítimo, é justamente por causa disso que o nacionalismo se torna perigoso, uma vez que esse sentimento afetuoso pelo país tem o potencial de ultrapassar o perigoso território ideológico.[47] No caso israelense, isso pode ocorrer por meio da anexação dos territórios palestinos sem que seja oferecido aos árabes os mesmos direitos civis e políticos que são concedidos aos judeus, numa espécie de *apartheid.*[48] Porém, o mesmo risco se faz presente do lado palestino, já

[46] David Koyzis, *Visões e ilusões políticas: Uma análise e crítica cristã das ideologias contemporâneas* (São Paulo: Vida Nova, 2014).
[47] David Koyzis, "Is Nationalism Worth Defending?", *Kuyperian Commentary,* 8 de março de 2019, <https://kuyperian.com/is-nationalism-worth-defending/>.
[48] Micah Goodman trata sobre esse assunto em seu livro *O impasse de 1967: A esquerda e a direita em Israel e o legado da Guerra dos Seis Dias* (É Realizações, 2020). Esse impasse está relacionado às vantagens e desvantagens de Israel expandir suas fronteiras como estratégia de segurança nacional.

que muitos nem sequer aceitam a existência do Estado de Israel, seja por defenderem a formação de uma unidade binacional ou simplesmente por não tolerarem a presença judaica na região. Os defensores mais radicais dessa ideia são o Hamas, cuja carta fundadora pede abertamente a destruição de Israel. Contudo, noções como essas têm se tornado cada vez mais comuns até mesmo em *campi* universitários e entre ativistas.

No fim, esse é o âmago do conflito palestino-israelense: o choque entre dois nacionalismos com ligações históricas e demandas legítimas pelo mesmo território. É por isso que me solidarizo com o sofrimento dos cristãos palestinos, mas não consigo deixar de considerar antijudaica a teologia palestina da libertação defendida por eles, sobretudo após o Sete de Outubro. Lamento que, após séculos de antissemitismo cristão, ideias tão nocivas como essas ainda sejam empregadas supostamente em nome da paz. Infelizmente, elas não contribuem em nada para a tão sonhada libertação palestina.

Nesse aspecto, gosto muito da proposta do teólogo croata Miroslav Volf, ele mesmo uma vítima do nacionalismo. Em seu livro *Exclusão e abraço*, ele afirma que por meio de Cristo é possível que os cristãos mantenham suas identidades distintas sem que isso cause necessariamente exclusão. Nesse sentido, Volf defende que as categorias "opressão/libertação" são inadequadas para promover a reconciliação e manter a paz entre povos diferentes. É necessário que o amor se sobreponha à liberdade. Isso não significa ignorar a opressão, mas sim evitar que o projeto de libertação ideologize as relações entre os

O JESUS PALESTINO

atores sociais, perpetuando o antagonismo entre eles.[49] Volf destaca também que nos valores universais defendidos por Paulo — diferentemente do que propõe a teologia palestina da libertação — "cada cultura pode reter sua própria especificidade cultural; os cristãos não precisam perder sua identidade cultural de judeus ou gentios e tornar-se uma única humanidade nova que não é nem uma coisa nem outra".[50] Ou seja, é incoerente buscar fazer uma leitura contextual da Bíblia a partir da vivência palestina, mas condenar qualquer leitura judaica como inerentemente má, como fazem Ateek e Raheb.

É por essa razão que sigo me identificando como um sionista cristão, apesar de saber quão complexo e polêmico esse termo pode soar para muitos, inclusive para meus irmãos palestinos. Resumidamente, acredito, com base em Romanos 11.28-29, que as promessas de Deus ao povo judeu não foram anuladas nem espiritualizadas após a vinda de Jesus. E isso inclui a terra. Desse modo, é legítimo os cristãos apoiarem o direito de Israel existir e se defender enquanto um Estado judeu. Porém, isso deve ser feito de maneira crítica, entendendo as limitações humanas da política, sem expectativas escatológicas e buscando ser sensível ao sofrimento dos palestinos. Assim, diferentemente do sionismo dispensacionalista, o foco não está na escatologia ou no cumprimento de profecias bíblicas. De acordo com a visão de sionismo cristão a qual subscrevo, o estabelecimento de Israel em 1948 foi fruto da ação soberana de Deus na história, podendo ou não ser a realização do que fora predito

---

[49] Miroslav Volf, *Exclusão e abraço: Uma reflexão teológica sobre identidade, alteridade e reconciliação* (São Paulo: Mundo Cristão, 2021), p. 142-3.
[50] Ibid, p. 71.

pelos profetas hebreus. Ainda assim, é possível que, em caso positivo, seja apenas um cumprimento parcial. Desse modo, crer na continuidade da aliança terrena de Deus com o povo judeu não me impede, como já mencionei anteriormente, de defender a criação de um Estado palestino que coexista ao lado de Israel. Sou favorável à existência de dois Estados soberanos, para dois povos nativos do Oriente Médio em sua terra ancestral.

Por esse motivo, busco oferecer um apoio crítico a Israel, sempre examinando o meu coração para não cair na tentação idólatra do nacionalismo cego e insensível às dores do outro. Sei, contudo, que, na prática, nem sempre sou capaz de agir de modo como desejo, pois ainda sou um pecador em processo de santificação. É por isso que, apesar das discordâncias, preciso de meus irmãos palestinos. Eles me ajudam a enxergar meus equívocos e as idolatrias do meu coração. Espero poder ajudá-los da mesma maneira e que assim possamos crescer juntos em unidade, como membros do mesmo corpo de Cristo, a nova humanidade, na qual judeus e gentios são iguais e, ainda assim, diferentes.

Conclusão

Uma proposta hermenêutica

Muitos do povo de Israel agora são inimigos das
boas-novas, e isso beneficia vocês, gentios. No
entanto, porque ele escolheu seus patriarcas, eles
ainda são o povo que Deus ama. Pois as bênçãos de
Deus e o seu chamado jamais podem ser anulados.

ROMANOS 11.28-29

Como escrevi na Introdução, apesar de não ser teólogo ou biblista, sou um cristão que acredita que a Bíblia é a verdade — é a Palavra de Deus. É por essa razão que me preocupo tanto quando ela é deturpada para promover o ódio e a perseguição aos judeus. Tendo isso em mente, e diante de tudo o que foi exposto, talvez você deseje me perguntar: Como então lidar com os diversos textos bíblicos mencionados ao longo do livro, uma vez que algumas dessas passagens parecem realmente sugerir que os judeus foram culpados pela morte de Jesus, como Atos 2.23 e 1Tessalonicenses 2.14-16?

Ouvi essa pergunta repetidas vezes quando critiquei publicamente o livro *A heresia atual do judeu-cristianismo*, do pastor suíço Jean-Marc Berthoud. A obra basicamente critica os esforços para um diálogo entre judeus e cristãos, minimizando a gravidade do antissemitismo. Berthoud até mesmo utiliza os sermões antijudaicos de João Crisóstomo e passagens como

Mateus 27.24-25 e João 8.44-45 para afirmar que os judeus que não reconhecem Jesus como o Messias são "motores incomparáveis do mal" e culpados pela morte de Cristo.[1]

A princípio, uma maneira de resolver esse impasse é buscar entender cada um desses textos em seu contexto original, visto que todos eles foram escritos por judeus e fazem parte de uma espécie de "embate intrajudaico", quando ainda nem existia separação entre judaísmo e cristianismo. Isso se faz ainda mais necessário depois da descoberta dos Manuscritos do Mar Morto, em 1946. Esses manuscritos nos ajudam a compreender melhor a mentalidade judaica do primeiro século e, de certa forma, inspiraram livros como *Paul and Palestinian Judaism*[2], de E. P. Sanders, e outros autores, como James Dunn e N.T. Wright, que se debruçaram sobre o judaísmo do segundo templo a fim de entender Jesus e Paulo cada vez mais dentro de seu contexto judaico.[3] Isso levou ao questionamento de várias noções que Lutero e outros cristãos tinham sobre os judeus, sobretudo a ideia de que eram legalistas, ficando claro que muito da visão do reformador acerca do judaísmo era muito mais uma projeção de seus dilemas com a Igreja Católica do que uma descrição acurada de como pensavam os judeus na época de Jesus.

Se, por um lado, a Nova Perspectiva de Paulo (NPP) ajudou a corrigir algumas visões antijudaicas cristãs que

---

[1] Jean-Marc Berthoud, *A heresia atual do judeu-cristianismo* (Brasília: Monergismo, 2022), p. 69.

[2] E. P. Sanders, *Paul and Palestinian Judaism: A Comparison of Patterns of Religion* (Charlotte: Fortress Press, 1977).

[3] Veja, por exemplo: James Dunn, *A nova perspectiva sobre Paulo* (São Paulo: Paulus, 2011), e N.T. Wright, *Paulo: Uma biografia* (Rio de Janeiro: Thomas Nelson Brasil, 2019).

CONCLUSÃO

concebiam os judeus como um povo legalista e obstinado, por outro, acabou promovendo diferentes tipos de estereótipos. Para Wright e Dunn, o principal problema do judaísmo que Paulo busca corrigir por meio do evangelho de Cristo era o etnocentrismo de Israel, em contraste com a mensagem universal da salvação que agora estava disponível para todas as nações. Não é à toa que Wright é tão crítico em relação ao sionismo cristão e tão apreciado pelos teólogos palestinos.

Em resposta a isso, temos visto o surgimento nos últimos anos de uma outra escola de interpretação bíblica, liderada principalmente por judeus, tanto crentes em Jesus quanto descrentes, a chamada "Paulo dentro do judaísmo" (PDJ). Entre os principais expositores dessa visão estão Mark Nanos, Pamela Ensembaum, Paula Frederiksen, Matthew Thiessen, Amy Jill-Levine, Isaac Oliver, Jennifer Rosner e Mark Kinzer. (Este último, aliás, participou de um debate público com N. T. Wright mediado por Gerald McDermott.[4]) Em resumo, essa é uma proposta de ir além da NPP, buscando compreender os textos do Novo Testamento em seu contexto judaico inicial antes da separação dos caminhos e da noção do cristianismo como uma religião distinta do judaísmo.

Trata-se de uma visão ousada que traz grandes desafios não apenas do ponto de vista da exegese tradicional de textos bíblicos, mas também para algumas concepções teológicas importantes do cristianismo. Além disso, ainda está em seus anos iniciais e nem todos os autores tidos como "membros" dessa escola têm a mesma opinião sobre questões

[4]Esse debate pode ser visto na íntegra em Samford University, "N. T. Wright and Mark Kinzer: A Dialogue on the Meaning of Israel", 19 de setembro de 2019, <https://www.youtube.com/watch?v=qIBt64m-Py4>.

importantes, como, por exemplo, a salvação dos judeus que não reconhecem Jesus como Messias. Ademais, do ponto de vista cristão, esses acadêmicos ainda precisam responder a indagações levantadas tanto pela visão tradicional sobre Paulo como pela NPP.[5]

Isso posto, creio que os estudos recentes do movimento PDJ podem contribuir muito para a leitura dos textos bíblicos que comumente são usados para promover o antissemitismo, oferecendo uma exegese saudável e compatível com uma visão ortodoxa das Escrituras e da fé cristã. Antes de dar alguns exemplos de como isso é possível, creio ser necessário abordar algumas questões relacionadas ao supersessionismo, sobretudo diante dos esforços recentes de teólogos contemporâneos como R. Kendall Soulen, Gerald McDermott, David Rudolph, Craig Blaising, J. Brian Tucker, Willie Jennings, Michael Vlach e Craig Keener de produzirem teologias pós-supersessionistas, isto é, tentativas de interpretar as afirmações centrais da fé cristã de maneiras que não afirmem ou impliquem na obsolescência da aliança de Deus com o povo judeu.[6] Em outras palavras, teologias que afirmam a presente validade dessa aliança com Israel como algo coerente e indispensável para as doutrinas cristãs. Não se trata, contudo, de uma tentativa de negociar pontos da nossa fé em nome da tolerância, tampouco da "judaização" do cristianismo de modo a criar algum tipo de sincretismo religioso. Muito pelo contrário, trata-se, acima de

---

[5] Isso fica claro em Scot McKnight e B. J. Oropeza (orgs.), *Perspectivas sobre Paulo: Cinco pontos de vista* (Rio de Janeiro: Thomas Nelson Brasil, 2021), e Jennifer Rosner, *Como encontrei o Messias: Minha jornada pela identidade judaica do evangelho* (São Paulo: Mundo Cristão, 2024).

[6] Para conhecer mais sobre esse movimento, ver: <https://www.post-supersessionism.com/>.

CONCLUSÃO

tudo, de uma tentativa de se manter fiel aos ensinos de Jesus e dos apóstolos — e é justamente aí que reside o maior desafio. Antes de entender isso, é importante explorarmos mais a fundo a natureza do supersessionismo.

De acordo com Kendall Soulen, um dos pioneiros dessas discussões, a substituição de Israel pela igreja assume várias formas. Uma delas é o "supersessionismo punitivo", segundo o qual Deus castigou Israel em razão de seus muitos pecados, inclusive a rejeição a Jesus. Dessa forma, as alianças outrora destinadas a Israel agora têm a igreja como seu receptáculo. A outra é o "supersessionismo econômico". Nessa concepção, Deus em sua dispensação, durante a progressão da revelação à humanidade, simplesmente teria atualizado as práticas e rituais judaicos. Assim, o batismo, por exemplo, substitui a circuncisão, e o caráter universal da igreja, a identidade étnico-nacional de Israel.[7]

Como afirma Amy Jill-Levine, existe um grande debate sobre se essas formas de supersessionismo são inerentes ao texto do Novo Testamento ou apenas uma consequência da interpretação desses textos pela tradição da Igreja. Confesso que, assim como vários dos chamados teólogos pós-superssesionistas, para mim o problema reside muito mais na exegese do que nos textos neotestamentários propriamente ditos. Nesse sentido, Levine apresenta uma proposta que pode ser satisfatória tanto para quem se inclina a ter um pensamento semelhante ao meu quanto para aqueles que realmente acreditam que o supersessionismo faz parte da doutrina bíblica, devendo, portanto, ser abraçado por todos os cristãos.

[7] R. Kendall Soulen, *God of Israel and Christian Theology* (Minneapolis: Augsburg Fortress Publishing, 1996).

JESUS, UM JUDEU

De acordo com a pesquisadora judia, o Novo Testamento, em alguns textos, pode sim ser visto como base para o supersessionismo econômico e punitivo. O Evangelho de Mateus, por exemplo, apresenta Jesus não apenas como um novo Moisés (considere o Sermão do Monte, no qual Jesus assume o papel de legislador da nova aliança), mas também como um novo Israel (veja Mateus 12.18-21, em que uma profecia de Isaías, até então interpretada como destinada para Israel, é aplicada a Jesus) que revive a narrativa do povo hebreu, tornando, portanto, redundantes seus compatriotas judeus. Além disso, Mateus retrata os judeus como aqueles que demandaram a crucificação de Jesus (Mt 27). Isso para não mencionar a parábola dos lavradores maus (Mt 21.33-46), que daria a entender que o reino de Deus realmente foi retirado de Israel e transferido para a igreja, formada tanto por judeus quanto por gentios. Outro grande exemplo de supersessionismo seria a epístola aos Hebreus, em que Cristo é apresentado como o mediador de uma nova e superior aliança (Hb 7.22; 8.6; 12.24). O apóstolo Paulo parece contrariar essa tendência em Romanos 11, sobretudo nos versículos 28 e 29, ao afirmar que a aliança de Deus com Israel é irrevogável. Porém, em 1Tessalonicenses 2.14-16, também parece abraçar a teologia da substituição, ao acusar os judeus de terem matado Jesus e os profetas.

São textos como esses que levaram tantos cristãos ao longo da história a adotar atitudes antijudaicas, enxergando-se como os verdadeiros substitutos dos judeus, os quais, por sua vez, seriam deicidas, filhos do diabo e membros da sinagoga de Satanás. Desse modo, Levine argumenta que são os teólogos — preocupados que Deus seja visto como infiel a suas antigas promessas — que precisam lidar com a questão do supersessionismo e não os exegetas. Isso acontece pois, no âmbito da

CONCLUSÃO

exegese, há vários argumentos histórico-gramaticais capazes de mitigar o teor superssesionista de várias dessas passagens. A estratégia adotada por Levine é afirmar que no Novo Testamento não há nenhum texto que afirme de modo claro que a promessa da terra ou a aliança feita com os judeus foram revogadas por Deus, nem mesmo os textos mencionados anteriormente. Logo, há espaço para escolhas na leitura. Um grande exemplo disso é justamente o chamado "novo sionismo cristão" proposto pelo anglicano Gerald McDermott, bem como a própria *Nostra Aetae* da Igreja Católica. No meio carismático, o Center for Israel, da Gateway Church, em Dallas, também tem produzido importantes reflexões nesse sentido, encabeçadas por Jennifer Rosner e David Rudolph.

No espectro reformado, o teólogo calvinista que busca lidar com essas questões de modo fiel à teologia que professa, apesar de seus elementos considerados supersessionistas, é John Piper. Pouco tempo depois do atentado à sinagoga Tree of Life, Piper escreveu um texto intitulado "Se amamos a Jesus, amaremos os judeus: 12 razões bíblicas para não ser antissemita". Nesse artigo, o teólogo aborda vários textos comumente usados pelos cristãos para perseguir aos judeus ressaltando que, segundo a leitura evangélica da Bíblia, não há distinções entre os pecados cometidos por judeus e gentios, havendo oportunidade de salvação para ambos por meio de Cristo. Ao discutir a questão do deicídio, Piper afirma que apesar de os judeus, em sua maioria, terem rejeitado Jesus como o Messias, isso não justifica a perseguição sistemática desse povo por parte dos cristãos. Ao citar passagens como Lucas 23.34 e Atos 2.14,23-24,37-38,41, ele ressalta que, ao morrer, Jesus "deu o exemplo para os seus seguidores orando para que os judeus e gentios responsáveis por sua morte fossem perdoados, o que muitos deles foram quando os apóstolos lhes ofereceram a graça do evangelho, não a retribuição". Além de citar Romanos 9—11 várias vezes para ressaltar a continuidade do amor de Deus por Israel, Piper também afirma que Paulo estabeleceu um exemplo a ser imitado, pois, ao ser perseguido pelos judeus, jamais revidou (Fp 3.17; 1Co 4.16-17). Ademais, o próprio Jesus ensinou seus seguidores a tratar o próximo como gostariam de ser tratados e a responder aos maus-tratos dos inimigos com misericórdia. Portanto, ainda que o Novo Testamento possa retratar os judeus de modo negativo em algumas passagens, ele não dá margem — em nenhum lugar — para o antissemitismo.[8]

Convém lembrar também como Atos 2.23 afirma que a morte de Jesus fazia parte "do plano preestabelecido por Deus e seu conhecimento prévio do que aconteceria". Em seguida, Pedro afirma que os judeus pregaram Jesus na cruz, porém fizeram isso "com a ajuda de gentios que desconheciam a lei" (At 2.23). Assim, tanto judeus quanto gentios foram os responsáveis pela morte de Cristo, e tanto judeus quanto gentios também são alvo da graça e da misericórdia divinas:

> Pedro respondeu: "Vocês devem se arrepender, e cada um deve ser batizado em nome de Jesus Cristo, para o perdão de seus pecados. Então receberão a dádiva do Espírito Santo. Essa promessa é para vocês, para seus filhos e para os que estão longe [para os gentios], isto é, para todos que forem chamados pelo Senhor, nosso Deus.
>
> Atos 2.39

[8]John Piper, "Se amamos Jesus, amaremos os judeus: 12 razões bíblicas para não ser antissemita", *Voltemos ao Evangelho*, 15 de agosto de 2019, <https://voltemosaoevangelho.com/blog/2019/08/se-amamos-jesus-amaremos-os-judeus/>.

CONCLUSÃO

Logo após o discurso de Pedro no dia de Pentecostes, Lucas relata que que muitos que ouviram essa mensagem foram salvos (At 2.41). Ou seja, o próprio texto bíblico contraria a ideia antissemita de que todos os judeus, em todas as épocas são responsáveis pela morte de Jesus.

O que esses textos de Atos deixam claro, bem como várias outras passagens dos Evangelhos, é que a morte de Jesus fazia parte dos planos do próprio Deus para salvar a humanidade, inclusive judeus. Logo, não faz o menor sentido que cristãos recorram à Bíblia para espalhar teorias da conspiração e justificar atos de ódio contra os judeus. Isso não condiz com o evangelho, pois ignora que o próprio Jesus foi um homem judeu. Creio que reafirmar a judaicidade de Jesus é a principal maneira de combater o antissemitismo cristão. Não é à toa que os nazistas se empenharam tanto em transformar Jesus em um ariano. Somente assim, eles conseguiriam usar suas palavras para justificar o genocídio dos próprios "familiares" de Jesus.

O mesmo acontece hoje com grupos supremacistas brancos e ativistas anti-Israel. Portanto, mais do que nunca é necessário tornarmos Jesus judeu outra vez. Se o amamos e se amamos sua Palavra, não podemos deixar que a Bíblia continue a ser usada para legitimar a violência e o ódio contra o povo que nos deu a nossa própria fé. Afinal, o Novo Testamento, logo em seu primeiro versículo, apresenta Jesus como um homem judeu que dá sequência e, ao mesmo tempo, é o ápice de toda a narrativa da Bíblia hebraica: "Este é o registro dos antepassados de Jesus Cristo, *descendente de Davi e de Abraão*" (Mt 1.1).

Agradecimentos

Escrever este livro foi uma das tarefas mais desafiadoras da minha vida. A sensação foi a de estar vivendo e, ao mesmo tempo, registrando a história do mundo. Se não fosse a graça do Deus de Israel, certamente eu não teria concluído esta obra. Essa graça se manifestou por meio dos familiares e amigos incríveis que ele colocou em minha vida.

O apoio dos meus pais, Miguel e Naide, do meu irmão, Asaphe, e até do Lion — o "menino de quatro patas", como diz minha mãe — foi o que me deu forças para seguir em frente. Ao acompanhar a bravura e resiliência dos familiares dos reféns para resgatá-los do cativeiro após o Sete de Outubro, fiquei pensando como minha família agiria se eu tivesse sido uma das vítimas. Tenho certeza de que eles moveriam céus e terra para tentar me resgatar, e é isso o que me motiva a seguir fazendo o que faço: as ligações diárias da minha mãe me recitando o salmo 121 e me lembrando que "aquele que guarda de Israel não cochila nem dorme", o orgulho do meu pai a cada entrevista que concedo ou artigo que publico, e o entusiasmo do meu irmão a cada nova conquista nossa.

Agradeço também à tia Célia, que já é mais do que da família. Desde que eu era criança, ela me ensinou a amar Israel e o

Oriente Médio. Hoje, sou grato a Deus por podermos "viajar de avião pelas nações". Além dela, é até difícil agradecer o suficiente à tia Neuman e ao tio Darlan. Não é exagero afirmar que sem o investimento deles, muitas das minhas maiores realizações talvez tivessem demorado muito mais — ou jamais se realizado. Eles sempre acreditaram naquele menino que queria aprender inglês e conhecer o mundo.

Não posso deixar de mencionar os muitos amigos, de diferentes cidades, que se fizeram presentes nessa jornada. Espalhados pelo Brasil, estão os amigos do grupo "Live Jorge & Mateus". Se é verdade que um dos maiores milagres de Jesus foi conseguir manter a amizade com doze homens adultos, fico feliz por ele ter me dado a graça de viver o mesmo. Afinal, é um milagre que um grupo formado por dezoito caras durante a pandemia continue ativo por tanto tempo. Espero que assim seja por muitos anos! Nesse aspecto, não posso deixar de mencionar, em especial, todo o apoio e as muitas conversas com Zé Bruno, Abner, Piton, Mateus, Lapa, Pedro, Tom, André, Jordan, Daniel, Godoi e Leo Cruz. Em meio às crises de fé, aos *memes*, aos debates e às muitas recomendações de leitura, vocês foram essenciais para que esta obra fosse escrita.

Na Paraíba, mais precisamente nas cidades de Campina Grande e João Pessoa, sou grato a Vanessa, Neto, Aline, July, Vanda e Késsio. A distância pode até nos separar fisicamente, mas nossa amizade segue ainda mais firme a cada ano que passa. Vocês me lembram onde é o lar para qual sempre posso voltar, mas deixam claro que preciso continuar voando.

Em Belo Horizonte, jamais esquecerei da hospitalidade e do amor dos irmãos da Igreja Esperança, em especial Jaionara, Lorena, Eliabe, Gabriela, Jaque, Samim, Carol, Alisson, Giovana e tantos outros. Vocês foram uma das maiores evidências

AGRADECIMENTOS

de que Jesus não mentiu quando afirmou que se deixarmos nossa casa e família para segui-lo, receberemos em troca "neste mundo, cem vezes mais casas, irmãos, irmãs, mães, filhos..." (Mc 10.29-30). Vocês são meu lembrete diário de que nossa verdadeira família é formada por aqueles que fazem a vontade de Deus. Também não posso me esquecer do meu amigo Bernardo, que me ajudou de tantas maneiras diferentes, até mesmo carregando muitas malas de livros e roupas entre Belo Horizonte e São Paulo.

Na capital paulista, tenho o privilégio de ser abraçado pelos irmãos da Igreja Onda Dura, na Avenida Paulista. Menciono, em especial, Mikael, João, Carol, Moris, Samuel, Ítalo, Sara, Geovana, Ramon e Nath, que sempre estiveram por perto nesses últimos dias. Nós nos conhecemos faz pouco tempo, mas, desde o início, eu soube que poderia contar com o abraço deles. A cada dia consigo enxergar diferentes demonstrações disso, principalmente quando nos vimos, sem querer, em meio a uma demonstração de apoio ao Hamas, em plena Avenida Paulista, no que deveria ser apenas um almoço tranquilo de domingo após o culto.

Não posso escrever acerca da maior cidade da América Latina sem mencionar a família da StandWithUs Brasil. Sim, o sentimento é de lar, de abrigo, de pertencimento. Valeu a pena abraçar o caos dessa cidade para poder conviver diariamente com pessoas que, apesar das muitas diferenças, amam o que fazem e sabem que vivem por algo que vai muito além de nós. A cada dia de trabalho sinto que estamos fazendo parte de uma história que tem sido escrita, não a partir de 1948, mas durante milhares de anos. Na verdade, tudo começou quando um homem idoso, um habitante da região que hoje conhecemos como Iraque, decidiu crer contra a esperança, ouvir um

Deus desconhecido e deixar tudo para trás rumo a uma terra que se tornou santa (e complicada), para dizer o mínimo. É o que experimento com vocês diariamente que me faz acreditar em um futuro no qual todos os filhos de Abraão coexistirão em paz e em segurança.

Também sou grato a André Lajst por acreditar em mim e por ser muito mais do que o cientista político careca e inteligente que as pessoas veem na televisão, mas um homem íntegro, que não tem vergonha ou medo de se posicionar pelos valores que defende. Um cara que, ao mesmo tempo que fala firme e sonha grande, também se importa com todos que o rodeiam. Sua conduta me inspira e me encoraja a seguir lutando pela paz. Não posso deixar de agradecer à Sabrina Abreu. É até difícil encontrar as palavras para falar sobre essa jornalista tão genial. Ela me lembra de que a vida pode ser tão difícil quanto cobrir a dor das vítimas de uma guerra, mas também tão doce e prazerosa quanto escrever um livro de moda, rir de coisas aleatórias e sair do escritório no meio do expediente em busca de um bolo de cenoura.

E o que dizer da minha equipe de trabalho? Tenho muita sorte de trabalhar com (abrevia-se como os paulistas, mas lê-se com o sotaque paraibano): Dinho, Rafa, Vico, Deh, Fê, Elys, Paula, Hana, Luis, Bimbi, Isa, Camis e Bella. Camis, vulgo "my heart", e sua mãe Paty (ou "my heartona"), são minha família judaica por adoção, aquelas amigas que sei que posso contar pelo resto da vida. Depois de conhecê-las, a luta contra o antissemitismo tomou uma dimensão ainda mais importante e pessoal na minha vida. Também agradeço à Bella por toda amizade, por me encorajar a sempre seguir sonhando alto, e também por "puxar minhas orelhas" para eu me organizar

AGRADECIMENTOS

melhor e, assim, conseguir realizar tudo o que me proponho a fazer.

Jamais posso me esquecer do apoio recebido, ao longo dos anos, do Philos Project, nas pessoas do Robert Nicholson, Luke Moon, Jesse Rojo e Isaac Woodward. Eles são modelos de sionistas cristãos que amam a justiça e se importam com a dignidade de todas as pessoas criadas à imagem de Deus, principalmente os palestinos. Busco sempre imitá-los. Agradeço também à Dani Lança e à Karinne Rosane, pela hospitalidade com a qual me receberam quando estive na Alemanha, durante a pesquisa deste livro. A ajuda delas foi fundamental para que eu tivesse acesso a muitas das fontes aqui citadas.

Por fim, mas não menos importante, agradeço aos meus editores, Daniel Faria e Guilherme Lorenzetti, pela enorme paciência sempre que eu desejava acrescentar algo a mais no manuscrito, inclusive na demora para enviar esta seção de agradecimentos. E, claro, não posso deixar de mencionar toda a equipe incrível da Mundo Cristão. É uma grande honra para mim poder ser publicado por uma editora cujo trabalho e compromisso com as verdades do evangelho eu sempre admirei.

E, finalmente, ao Deus de Israel, "pois todas as coisas vêm dele, existem por meio dele e são para ele. A ele seja toda a glória para sempre! Amém" (Rm 11.36).

Sobre o autor

Igor Sabino é doutor em Ciência Política pela Universidade Federal de Pernambuco e mestre e bacharel em Relações Internacionais pela Universidade Estadual da Paraíba. É gerente de conteúdo da StandWithUs Brasil e pesquisador do The Philos Project. Também é autor do livro *Por amor aos patriarcas: Reflexões brasileiras sobre antissemitismo e sionismo cristãos*, publicado pela Editora 371. Pesquisa sobre assuntos relacionados a religião e política internacional.